行不言之教

老子的思想特质

李 健 黄昶力 —— 著

清华大学出版社
北京

内 容 简 介

本书在研究对象上，均围绕《老子》文本展开，以楚简本、通行本为主要依据；在研究方法上，注重在思想流变中研究和诠释老子思想。老子思想具有流变性，是因为《老子》文本的形成本身处于流变之中，楚简本和通行本有较大的思想差异，尤其是楚简本关于"有""无"的关系与通行本有根本性不同。本书把老子的思想概括为八大特质，上编介绍通行本《老子》的思想特质："行胜于言""人法自然""道人合一""圣人之道"；下编介绍楚简本《老子》的思想特质："情意之道""内圣外王""体有用无""道恒自然"。本书适用于《道德经》研究者，对《道德经》业余爱好者而言也有一定的参考价值。

图书在版编目（CIP）数据

行不言之教：老子的思想特质 / 李健，黄昶力著 .
北京 : 清华大学出版社，2024. 11. -- ISBN 978-7-302-
67654-6

Ⅰ . B223.15

中国国家版本馆 CIP 数据核字第 2024ZC9591 号

责任编辑：张尚国
封面设计：秦　丽
版式设计：楠竹文化
责任校对：范文芳
责任印制：刘海龙

出版发行：清华大学出版社
　　　　　网　　　址：https://www.tup.com.cn，https://www.wqxuetang.com
　　　　　地　　　址：北京清华大学学研大厦A座　　邮　　编：100084
　　　　　社 总 机：010-83470000　　　　　　　　邮　　购：010-62786544
　　　　　投稿与读者服务：010-62776969，c-service@tup.tsinghua.edu.cn
　　　　　质量反馈：010-62772015，zhiliang@tup.tsinghua.edu.cn
印 装 者：河北盛世彩捷印刷有限公司
经　　销：全国新华书店
开　　本：147mm×210mm　　　印　　张：9.375　　　字　　数：142千字
版　　次：2024年12月第1版　　　　　　　　印　　次：2024年12月第1次印刷
定　　价：79.80元

产品编号：107824-01

序

　　《行不言之教：老子的思想特质》结合出土文献提出了一些重要的原创性老学命题。例如，人法自然；行胜于言；情意之道；体有用无；等等。

　　该著非常重视文献的整体关联与变化，主要对通行本《老子》与楚简本《老子》的各自思想特质进行研究。但该著并非要对两大版本进行二元对立，而是重视《老子》文献之衍生，并在流变中关注思想的流变。例如，《人法自然》章，从楚简本《老子》的"法自然"与"辅自然"两大层次，到通行本《老子》对道自然、天地自然的具体规定；《情意之道》章，从楚简本《老子》的道"悦"到通行本《老子》的道"救"；《体有用无》章，从楚简本《老子》的"道体之有，道用之无"到通行本《老子》的

"以无为体，以无为用"，并尝试对两者的对立进行弥合。

该著在诠释老子思想时尽可能使用考据资料，比如通过楚简本《老子》考据出道并非通常认为的无意志存在，而是具有情意性的信仰存在，这为老子之道与道教之道的内在关联提供了可靠性依据。道教发展经历了原初道教、古典道教与制度道教三大阶段。古典道教以老子为代表，道作为信仰对象，不是无生命的死物，该著通过道"悦"与道"救"诠释出情志性之道，也很好地呼应了古典道教之道的神性特征。

自然是老子的核心理念之一，近些年学界关注到"道法自然"的诠释困境问题，多次进行学术研讨。该著通过楚简本《老子》与通行本《老子》两种文本，提出了"人法自然"与"道恒自然"两套诠释系统，丰富了学术界对老子自然思想的诠释。"人法自然"的诠释延续唐宋学进路，并通过顶针修辞考据与义理诠释相结合进行可靠的论证。"道恒自然"的诠释延续河上公"道性自然"诠释思路，并结合文字学"法"与"恒"的义同进行训诂考据。

该著通过楚简本《老子》甲本的结构秩序提出老子作为内圣外王思想体系，也是一个很好的发现。内圣外王理念是中国文化的思想特色，儒家、道家等都有此理念。该著对儒家、道家在内圣外王方面的差异进行比较深入的研究，认为老子道家的自然、无为思想是区别其他学派内圣外王的标志，身国同构是老子内圣外王的特色。

在通行本《老子》的思想特质一章里，通过道是本原、圣人理想、素朴价值等方面的论述，对通行本《老子》的系统思想及其特质进行了自洽论述。其中对道的性质、道人关系做了细致梳理。

总而言之，该著言之有理，持之有据，系有创见而严谨的学术论著。

詹石窗
（四川大学杰出教授、老子研究院院长）
2024 年 10 月 10 日

目　录

上　编

通行本《老子》的思想特质

第一章

行胜于言

　　老子道论根本上是行论，具体在"言行之辨"里展开。老子认为行胜于言，其行论可涵摄体道论、天道论、修身论和治国论。"言者不知"（"道可道，非常道"）即道在行而不在言，体道的方法就是"行于大道"，这是老子的体道论。"希言自然"即道自然而不言，道是大化流行、循环往复之"周行而不殆"的运行存在，这是老子的天道论。"美言不信"即修道不在美丽的言语，而在力行，即"美行可以加人"，这是老子的修身论。"多言数穷"即统治者应守静，"行不言之教"，这是老子的治国论。天道之行表现为运行，人道之行表现为力行。

　　道与行在文字上是同源的，《说文》曰："道，所行道也"（郭店楚简《老子》中的道有时直接写作人之行——"彳人亍"）；《尔雅·释宫》曰："行，道也"。两处的行都是名词，指人所行的道路。老子把名词之行（人行之道路）转化为动词之行（如"行于大道""行不言之教"），不论是道的运行还是人的力行，都不再是静止的存在，而是大化流行或躬身践行的生生不息之鲜活世界。

　　在《老子》文本里，直接提到"行"多达二十处，如"周行而不殆"（《老子》第二十五章）、"勤而行之"（《老子》第四十一章）、"行于大道"（《老子》第五十三章）、"行不言之教"（《老子》第二章）、"美行可以加人"（《老子》第六十二章）等。老子之道论在根本上是"行"论，老子行论可涵摄体道论、天道论、修身论和治国论。

　　赵汀阳敏锐而深刻地指出："以'我行'作为存在论出发点，其中的中国思想背景资源是一目了然的。……如果说到中国古代思想中最接近以存在论的角度去思考'行'的努力，我愿意举出《易经》和《道德经》。"[①]赵汀

---

　　① 程广云，赵汀阳. 给我一个支点：第一哲学转向——访赵汀阳研究员 [J]. 哲学动态，2015（1）：7.

阳明确把《老子》的"行"当作存在论的高度标准，这是
很有创见的诠释。但赵汀阳重视的是事的世界，强调"我
行"，而《老子》除了"我行"，还有"道行"（"周行而不
殆"）；"我行"相对于笛卡尔的"我思"而提出，是思行
之辨，但还未注意到老子的"言行之辨"。

李若晖曾发表题为《老子"行动"论》[①]的论文，强
调老子的行动面向，也说明"行动"在《老子》中占据重
要地位。但李若晖讨论的是老子思想中的行动论，而不是
用"行"统摄整个老子学说。李若晖把"道可道，非常
道"作为名、实之辨与为学、为道之辨，"只有放弃循名
责实的为学之途，才能由道而为道"[②]，还未注意到"道可
道，非常道"实为言行之辨。

学界对老子行论的研究颇具有启发性，但对老子"言
行之辨"的独特问题意识缺乏观照，并未把"行"作为老
子哲学的核心概念。其实，老子的行论始终在言行关系里
展开，以轻言重行、行胜于言为理论主旨。老子哲学重

---

① 李若晖. 老子"行动"论［J］. 哲学动态，2016（8）：33.

② 李若晖. 老子集注汇考［M］. 上海：上海辞书出版社，2015：
828.

"言行之辨"，贵行的目的意在警示统治者重言而轻行的"言教"（教化）治理。"言教"之教化是以统治者为中心，儒家仍然重视"言教"传统（"唯上知与下愚不移"），而老子主张"行不言之教"，其"自化"是以民为中心（"我无为而民自化"），这是儒道的根本性分判。

第一节 "言者不知"："行于大道"的体道论

通行本《老子》以"道可道，非常道"开篇，"道可道，非常道"在《老子》全篇里是最关键的一句，也是解读充满争议的一句。"道可道，非常道"的解读虽有争议，但基本共识是"道不可以言说"（凡是可以言说的道，都不是终极的道）。这一共识性解读是有其内证的，与老子进一步指出的"知者不言，言者不知"（《老子》第五十六章）也是相应的。可道之道作为言说的含义，在先秦有其文献依据，《诗经》中有'中冓之言，不可道也。所可道也，言之丑也'（《诗经·鄘风》），其中的'道'即表示言说"①。庄子学派受到老子影响，提出"道不可言，言而非也"（《庄子·知北游》）。韩非子说："道之可道，非常道也"（《韩非子·解老》）。王弼注该句时说"可道之道，可名之名，指事造形，非其常也，故不可道，不可名也"（《老子注》）。韩康伯注该句时说："可道者，谓可言也"（《老子道德经古本集注》）。《道德宝章》注该句时说："如此而已，可说即不如此"。张岱年提到，"以言语论道，所论实非道之本然。"②

道不可言的深意到底是什么呢？庄子以"道不可言，言而非也"（《庄子·知北游》）发展为言意之辨，"言者所以在意，得意而忘言"（《庄子·外物》）。当代学者普遍把"道是无限的，语言是有限的"作为道不可言的义含，董平说："对于（道）这样的无限者的自身实在，语言便显现出它的'无能'"③。这些解读都遮蔽了老子强调道不

① 杨国荣. 老子讲演录 [M]. 北京：中国人民大学出版社，2021：2.
② 张岱年. 中国哲学大纲 [M]. 北京：昆仑出版社，2010：25.
③ 董平. 老子研读 [M]. 北京：中华书局，2015：46.

可言是"言行之辨"的意蕴。老子的"美言可以市尊，美行可以加人"（《老子》第六十二章），明确把言行作为一对范畴，且是重言轻言的内证。道不可言，即"知者不言，言者不知"（《老子》第五十六章），意在主张以行体道，河上公把"知者不言"明确注为"知者贵行而不贵言也"（《老子道德经河上公章句》）。体道不是通过言说，而是通过力行，所以老子明确说："行于大道"（《老子》第五十三章）。"道可道，非常道"章之后，紧跟着的第二章就讲到"行不言之教"，即首章讲道不可言，第二章进一步明确讲道在行。老子进行"言行之辨"，谨言重行，其实也并非独创，而是继承了西周的一些思想，同时又进行系统性论述。早在《尚书》时，就把言行作为一对范畴，如"朕言惠，可底行"（《尚书·皋陶谟》）、"极之敷言，是训是行"（《尚书·洪范》），且特别重行，如"亦行有九德"（《尚书·皋陶谟》）。《逸周书》也是把言行作为一对范畴，且明确是重行轻言，"饰言无庸（用），竭行有成"（《逸周书·芮良夫解》）、"少言以行"（《逸周书·官人解》）。

在古代老学史上，其实有多位思想家注意到"道可道，非常道"即道不在言而在行的深刻意蕴。除了河上公，还有文子、王弼等。文子说："知时者无常之行，故'道可道，非常道'"（《文子·道原》），也是把"道可道，非常道"理解为行，注重应时而变的行；王弼一方面把"道可道，非常道"注为"可道之道，可名之名，指事造形，非其常也，故不可道，不可名也"（《老子道德经注》），另一方面又以行的角度注本句，"圣行五教，不言为化，是以'道可道，非常道'"（《老子指略》）；释敬雄注为"次言遵行"（《老子玄览》）①，也认为行是首要的，言是次要的。古代老学诠释家已经注意到"道可道，非常道"为言行之辨，故笔者并非刻意标新立异，而是进一步对行进行系统诠释，以言行之辨打通老子的整体义理。老子有言行对举，也有知行对举，老子说，"吾言甚易知，甚易行"（《老子》第七十章），但老子的知行之别根本上还是言行之别，因为在老子看来不言即是知，"知者不言，言者不知"（《老子》第五十六章）。

在首章里，"道可道，非常道"明确了道不在说，道

---

① 李若晖. 老子集注汇考［M］. 上海：上海辞书出版社，2015：123.

在行，以行识道；"名可名，非常名"，则进一步明确道不可以命名，用概念体系无法去规定道，同样强调道在行。"无名，天地之始"（《老子》第一章），"道常无名"（《老子》第三十二章）、"道隐无名"（《老子》第四十一章），"绳绳不可名"（《老子》第十四章），都是在强调道不可名，而在行。必要情况下也只能强调名，"强为之名曰'大'"（《老子》第二十五章）。

贵行旨在警示统治者重言而轻行的"言教"（教化）治理。"言教"之教化是以统治者为中心，儒家仍然重视"言教"传统（"唯上知与下愚不移"），而老子主张"行不言之教"，其"自化"是以民为中心（"我无为而民自化"），这是儒道的根本性分判。

第二节 "希言自然"："周行而不殆"的天道论

在体道论上，人不能以言体道，而要以行体道。在天道论上，道自身也是不言的，天道大化流行。道是自然的，而自然是无言的，"希言自然"（《老子》第二十三章）。王弼在注"希言自然"时，明确把道作为"希言自然"的主语，"听之不闻名曰希，下章言，'道之出言，淡兮其无味也，视之不足见，听之不足闻'，然则无味不足听之言，乃是自然之至言也"（《老子道德经注》）。道始终无声无言，"寂兮寥兮"（《老子》第二十五章），"大音希声"（《老子》第四十一章），道静静地以"周行"展开而生出天地万物。"大音希声"不是大音之声稀少的意思，而是大音无声。希就是无声，这在老子原文里有内证，即"听之不闻名曰希"（《老子》第十四章）。这和《圣经》中上帝的"太初有言"有根本区别，上帝在创造世界时，是有言语介入的，如"神说：'要有光'，就有了光"（《创世记》第1章）。当然，老子不可能是针对《圣经》里的上帝之言，而是针对西周政治活动中的"神道设教"而言。例如在《诗经》里，天帝可以与君王对话，这会被君王利用，君王以天子名义（"君权神授"）基于统治目的编造上天的话语而愚弄百姓，造成统治者的意志托天而强加百姓。老子认为道不可言，则是为了解构君王冒充天子。老子的目的不是反对道的神性，而是反对"君权神授"的政教合一统治术。

天道无所谓天子，对众人一视同仁，谁善就与谁在一起，"天道无亲，常与善人"（《老子》第七十九章），便是否定天子观念。"寂兮寥兮"（《老子》第二十五章）、"听之不闻名曰希"（《老子》第十四章），即道无言、无声，道不会同人（尤其不会对君王）对话。由于周代的天、帝都具有浓厚的意志色彩，故老子不再用天、帝作为本原，而要"以道代天（帝）"重新构建一套话语体系，解构天帝的"绝对者"地位，故道"先天地生"（《老子》第二十五章），"象帝之先"（《老子》第四章）。然而道虽先天地之前，但道不言，道不发号施令，不会把自己的意志强加给万物，"夫莫之命而常自然"（《老子》第五十一章），"生而不有，为而不恃，长而不宰"（《老子》第五十一章）。命作为口令，也是一种言教。《说文》曰："命，使也。从口令。"段玉裁注："令者，发号也，君事也。"统治者发布命令是无道的表现，因而也会受到逆反，老子说："法令滋彰，盗贼多有"（《老子》第五十七章）。这里的令也是言教，发号施令，

《说文》曰："令，发号也。""'言'同时与'政令'相关"[①]，"'不言'意味着统治者不能过分地用繁复的法令、条纹来约束民众，这一意义上的'不言'，构成了治国的明智方式。"[②]，河上公则直接把言注为令。在《诗经》等经典里，天帝向君王发号施令，君王再向百姓发号施令，百姓仅仅作为被动接受者，成为一个封闭系统。所以在老子的学说里，道不发号施令，君王也"行不言之教"（《老子》第二章）。

道不言，道自身在运行。道是大化流行的运行存在，道"周行而不殆"（《老子》第二十五章）。"'周行而不殆'，'行'为'运行'、'运动'之义"[③]，"'独立不改'是说道体之存在的永恒性，'周行而不殆'是说道体之运动的永恒性"。[④] 河上公注"周行而不殆"为"道通行天地，无所不入"。《易传》也把天作为行（"天行""天行健"）。荀子把天之行作为常道，"天行有常，不为尧存，不为桀

---

① 杨国荣. 老子讲演录 [M]. 北京：中国人民大学出版社，2021：103.

② 同上，220。

③ 董平. 老子研读 [M]. 北京：中华书局，2015：130.

④ 同上。

亡"（《荀子·天论》）。老子之道不是静止不变的，始终在运动，"反者，道之动"（《老子》第四十章）。道在变化中周行，"大曰逝"（《老子》第二十五章），王弼说："逝，行也。"

通行本第二十五章有"周行而不殆"，而楚简本、汉帛本无此句。对此，郭永秉认为出土文献也是有局限性的，郭店楚简无此句"并不证明早期的《老子》传本就不存在这句话和这类思想，我们只能说，《老子》的某些早期流传系统中还没有明确强调道遍行不止的特征。"①其实，与楚简《老子》丙本为合编的《太一生水》（有的学者认为《太一生水》为老子遗著），已有道"周行"的原文，"多位学者已注意到郭店楚简《太一生水》'周行或（始，以己为）万物母'与道'周行而不殆'之间的关系，这是很正确的。"②楚简本与汉帛本无"周行而不殆"，并不意味着古本无此句。作为古本，汉简本有"偏行而不殆"，傅奕本有"周行而不殆"。

道体现为一个大化流行的过程，道能生出万物，"道

① 郭永秉.〈老子〉通识［M］.北京：中华书局，2022：156.
② 同上。

生一，一生二，二生三，三生万物"（《老子》第四十二章），道像人类的母亲一样生生不息，"可以为天下母"（《老子》第四十二章）。谷神作为玄牝（即元牝，最本原的生殖系统）是不死的（"谷神不死"），这里体现了道作为永恒创生活动的行本体。

《老子》第十四章也是在描述道，"视之不见""听之不闻""搏之不得""绳绳不可名"都是道的特征，该章的"复归于无物"中的"复归"便是一种大化流行，是一个运行的过程。老子一方面讲道是"无物"（"复归于无物"），另一方面又讲"有物"（"有物混成"），这并不矛盾。根本上道不同于万物，道是"无物"的。"有物混成"在出土的郭店楚简《老子》作"有（原文为（爿首）昆成"，"（爿首）"的正确释文是"庄"，"庄"非"物"。"在郭店楚简《五行》里，（爿首）即'庄'：'远而（爿首）之，敬也'，这里的'（爿首）'为'庄'。"①

在《老子》第三十四章里，老子说："大道泛兮，其可左右。"一般解读为"大道广泛而普遍地流行，它可左

---

① 李健. 道"悦"与道"救"：老子之道的情意性特征［J］. 中国哲学史，2022（1）：77.

可右"①，也是在说道的普遍流行。王弼注该句为"言道泛滥无所不适，可左右上下周旋而用，则无所不至也"，任继愈译该句为"大道像泛滥的河水一样啊，它周流在身边"②，都注意到道的大化流行。

道的运行方式表现为循环往复，"反者，道之动"的"反"在郭店楚简《老子》里作"返"，说明道的运动方式是不断返回自身。"反"（返）和"复归"同义，都指循环往复，老子说："复归于无物"（《老子》第十四章）。"周行而不殆"也是在说道的循环往复，"周行而不殆"即道"循环运行永不停止"③。"周行而不殆"同样是一种循环往复的运行，"'周行'乃谓道体的运行是周圜的，是周匝环绕的……始终若环的。"④不仅道自身在循环往复，天地万物（包括人），也要复归于道，"夫物芸芸，各复归其根"（《老子》第十六章）。道是朴的，"道常无名，朴虽小"（《老子》第三十二章），人也要"复归于朴"（《老

---

① 伊丽娜. 老子诵读本［M］. 北京：中华书局，2020：38.
② 任继愈. 老子绎读［M］. 北京：国家图书馆出版社，2015：76.
③ 同上，55。
④ 董平. 老子研读［M］. 北京：中华书局，2015：130.

子》第二十八章），这也是所谓的"天人合德"。天（道）人（道）合一，在老子这里是合于"行"，从天道之运行到人之力行，"道常无为"（《老子》第三十七章）而"圣人处无为之事"（《老子》第二章）。道不是一种物质本体，也不是一种精神本体，更不是一种抽象的理念。道能周行，它不是一种死的本体，是一种循环往复的运行存在。

第三节　"美言不信"："行可以加人"的修身论

如果修道仅仅停留于言说，停留于美丽的言辞，那是"美言可以市尊"（《老子》第六十二章），通过美言可以招摇过市，在世俗世界中获得实利并得到世俗的尊敬，但终将是不可信的，"美言不信"（《老子》第八十一章）。如果把"美言可以市尊"做积极含义理解，则忽略"美言不信"的原文。老子提醒警惕"美言"（尤其是统治者的花言巧语），老子主张"行可以加人"，只有切实的力行才能真正地正向影响他人。老子把士分为上士、中士和下士，三种士对待闻道的态度是不同的，"上士闻道，勤而行之；中士闻道，若存若亡；下士闻道，大笑之"（《老子》第四十一章）。显然，老子认为上士是合道者，上士不是"坐而论道"，而是"起而行之"（勤于力行）。老子讲"为道"，而不是讲言道，"老子不同于一般学者满足于'闻道'，他更注重'为道'。"① "为道"之"为"就是"做"的意思，也就是一种力行活动。老子的修是在行中修，且修且行，作为实修之修行智慧。老子明确指出，道是行出来的，而不是通过言语去思辨性地理解。"千里之行，始于足下"（《老子》第六十四章）、"慎终如始"（《老子》第六十四章）等，也是在讲勤于力行。老子修道是一种力行，比如老子讲"慈"，就是要行出"慈"来，而不是停留于一种价值观念。老子还说："善行，无辙迹"（《老子》第二十七章），即行自身是终极目的，行在无声处，无须言语夸耀。

老子主张的修是一种力行，且修且行，修也就是行，所以后人把"修行"作为一个专用名词。结合《老子》原

---

① 周山. 老子的"为道"及其在实践中的精神境界［J］. 社会科学，2004（8）：71.

文看，老子主张的修道，最高的力行广度是"修之于天下"。修之于身、家、乡、国、天下，层层递进，老子说："修之于身，其德乃真；修之于家，其德乃余；修之于乡，其德乃长；修之于国，其德乃丰；修之于天下，其德乃普"（《老子》第五十四章）。能"修之于天下"的是圣人，圣人是把身交给了天下，而不是执着于自身，也就是超越"小我"，进入了"大我"。

《老子》第十三章中的"贵以身为天下"，通常停顿为"'贵以身'为天下"，从而认为老子贵身，这就与该章的"吾所以有大患者，为吾有身，及吾'无身'，吾有何患"相矛盾，这一句明确主张"无身"。邓联合指出，"招致的大患，故免患之道在于'无身'（消除私我）。"[①]在老子思想里，无比有更根本，无身与无欲、无名、无为、无事、无味构成一个语族。老子说："公乃王"（《老子》第十六章），意在说具有公天下的"大我"，才能成为真正的圣王，"江海所以能为百谷王者，以其善下之，故能为百谷王"（《老子》第六十六章）。老子还说："是以

---

① 邓联合."贵身"还是"无身"：《老子》第十三章辩议［J］.哲学动态，2017（3）：42.

圣人后其身而身先，外其身而身存。非以其无私邪？故能成其私"（《老子》第七章），"孰能有余以奉天下？唯有道者"（《老子》第七十七章），"圣人不积，既以为人，己愈有；既以与人，己愈多"（《老子》第八十一章），这些原文进一步说明圣人超越"小我"之私，心怀天下"大我"之力行。"无身"就是无我，以"大我"之心观照天下。这些表述是一种行动纲领，而非抽象的价值观。

身是自身、自我，而不是身体。对于"无身"的身，"古今学者多误解为身体、身形。若依此解，则老子所言仅具狭隘的养生义，甚至落向后世道教的神仙思想。事实上，这句话中'身'与第七章的"后其身'、'外其身'以及第九章的'功遂身退'、第六十六章的'以身后之'中的'身'是同一个意思。台湾学者陈佩君正确指出，《老子》此类文句中的'身'不是指身体，'而是主体的身份与地位'"①。"功成身退"的身，显然是自身、自我，而不是身体。修之于身、家、乡、国、天下里，身与家、乡、国、天下对举，也说明这里的身是个人、自身。老子主

---

① 邓联合."贵身"还是"无身"：《老子》第十三章辩议［J］.哲学动态，2017（3）：42.

张无身，正是超越"小我"，成全"大我"；超越私，主张公。在儒家经典里，身也是指自身、自己，如"其身不正，虽令不从"（《论语·子路》），"欲齐其家，先修其身"（《大学》）。孔子也把修身叫作"修己"（《论语·宪问》曰："修己以安人"），可见，身确实就是自己、自身。

老子不在"知"的层面讨论道德形而上学，在思辨理论里形成教条的善的标准，反而会导致恶，"皆'知'善之为善，斯不善已"（《老子》第二章）。老子在讨论一个深刻的问题，那就是善恶的标准不是来自于思辨之"知"，而是来自于力行。善恶不是一个纯粹的理论问题，而是一个实践问题，具有现实性，不同的时代、生活情境，有不同的标准。

第四节 "多言数穷"："行不言之教"的治国论

老子警示统治者重言轻行的言教治理，老子说："多

言数穷，不如守中"(《老子》第五章)。老子还说："不
言而善应"(《老子》第七十三章)，统治者不用言语教化，
而百姓自动响应，这需要统治者力行。"多言数穷，不如
守中"就是"行不言之教"(《老子》第二章)。老子说：
"信不足焉，有不信焉。悠兮，其贵言。功成事遂，百姓
皆谓'我自然'"(《老子》第十七章)。统治者如果做到悠
然自得，不采取言教，惜言如金("悠兮，其贵言"中的
"贵言"不是推崇言，而是惜言)，就能"功成事遂"(《老
子》第十七章)，百姓也就会满意。"信不足焉，有不信
焉"，正是因为统治者违背了"悠兮，其贵言"，即"言多
必失""信不足则多言"的道理。老子主张惜言，反对言
教，目的也是回归于行。

孔子主张统治者言传教化，老子则主张民自化，老子
说："我无为，而民自化"(《老子》第五十七章)。教化是
精英社会，精英把民众当作孩子看护，孔子说："唯上知
与下愚不移"(《论语·阳货》)；而自化是民本，是民自
己觉醒。老子讲"行不言之教"(《老子》第二章)是对统
治者讲的，他反对统治者以真理在握的自信对民众进行道
德教化，"'不言之教'也就是'无言之教'，它不同于以

外在灌输的方式教导民众"①。老子主张统治者"行不言之教"，是在主张统治者应力行，这就是"无声胜有声"的示范作用。"行不言之教"和"人之所教，我亦教之"（《老子》第四十二章）中的"教"是以行立教，在河上公看来也是身教（《老子》第十七章），"圣人以身教的方式进行教（化），这就是河上公对老子'不（无）言之教'思想的解释"②。河上公把《老子》第四十三章中的"不言之教"注为"法道不言，师之于身"。人们熟悉的"身教重于言教"也正是此意。"'强梁者不得其死。'吾将以为教父"（《老子》第四十二章），这里的"教父"之教同样是身教，而不是言教。老子反对一切言语教化与命令，认为只要统治者自身有道，民自然而然也有道，"不尚贤，使民不争；不贵难得之货，使民不为盗；不见可欲，使民心不乱"（《老子》第三章）。

　　统治者不行言教，而应处事（行事），在处事（行事）

①　杨国荣. 老子讲演录［M］. 北京：中国人民大学出版社，2021：16.

②　陈金樑. 道之二解：王弼与河上公《老子》注研究［M］. 杨超逸，译，西安：西北大学出版社，2021：238.

中彰显大道。而老子主张的处事，又不同于儒家处事，儒家处事是要为民做很多事，是处有为之事。老子则主张统治者"处无为之事"（《老子》第二章），统治者无须为民做很多事，只需要尽可能少干预民。统治者应是服务者，不应有自己的意志，而是以百姓的意志为意志，"圣人无常心，与百姓心为心"（《老子》第四十九章）。

老子的无为之治，目的是防范统治者的权力对民构成伤害，所以老子进一步提出柔治之宽政方案。在"反者，道之动。弱者，道之用"（《老子》第四十章）里，"道之动"是表达道的运动方式，"道之用"则是具体的治国力行——柔治。老子多处讲到柔弱，"柔弱胜刚强"（《老子》第三十六章），"柔弱者生之徒"（《老子》第七十六章），都是在言说柔治宽政的效果。统治者采取柔治，就会得到百姓的拥护。老子对刚治也提出了警告："故坚强者死之徒"（《老子》第七十六章），"'强梁者不得其死。'吾将以为教父"（《老子》第四十二章）。柔治同样是一种力行智慧，统治者通过"权力的自我节制"①来实现，而不是一

---

① 王博. 权力的自我节制：对老子哲学的一种解读［J］. 哲学研究，2010（6）：45.

种抽象的观念。统治者在权力的收敛中始终是一种谦卑、慎行的态度，"豫焉，若冬涉川；犹兮，若畏四邻"（《老子》第十五章），"圣人犹难之"（《老子》第六十三章）。"治大国若烹小鲜"（《老子》第六十章）也表达了对公共权力的敬畏，治大国犹如烹饪小鲜，不放任权力意志随意"翻动"（折腾）。汉初黄老道家秉承"无为而治""与民同休息"的政策，成就了中国历史上的鼎盛时期。而黄老的"无为而治""与民同休息"正是继承老子的柔治力行智慧。

老子还讲到行动的自由，"难得之货令人行妨"（《老子》第十二章），"金玉满堂，莫之能守"（《老子》第九章）。一方面，统治者"贵难得之货"是"玩物丧志"，影响心灵的自由；另一方面，惦记着难得之货的失去，妨碍了行动的自由。尤其是在当时天下大乱的历史背景下，难得之货很容易带来偷盗、抢劫，甚至引来杀身之祸。行动的自由还需要稳重力行，脚踏实地地行动，而不是好高骛远，老子说："企者不立，跨者不行"（《老子》第二十四章），"千里之行，始于足下"（《老子》第六十四章）。"跨者不行"对今人的启示是，警惕大跃进、浮夸风。

老子重力行，对自己的行道学说是充满信心的，认为自己的主张是"吾言甚易知，甚易行"（《老子》第七十章），但是又感慨天下的诸侯王都各自为是，各自任性，都在纵欲和巧智里妄行，不愿意真正行道，导致老子的主张是"天下莫能知，莫能行"（《老子》第七十章）。老子以行统摄言，行是根本，行胜于言，也是老子独特的思想意蕴。

儒家有教化传统，因而重言（"言教"）；但儒家同时也重行，要求教化者起到示范作用，从而上行下效，即"言传身教"，孔子说："其身正，不令而行；其身不正，虽令不从"（《论语·子路》）。儒家既重言，也重行，但言更优先于行。子张向孔子问行时，孔子仍然不是就行论行，而是提出言先行后，孔子的回答是"言忠信，行笃敬"（《论语·卫灵公》）。在言行之间，孔子认为言更根本，孔子"以'言'行事说明了孔子的言语具有实化为事件的力量"①，而孔子"以'言'事"的依据又是"以

---

① 温海明．以"名"出"言"，以"言""行"事：孔子与庄子意义观之比较［J］．广东社会科学，2013（3）：59．

'名'出'言'"①。老子则提示要警惕"言教",主张民自化,重视民间力量,解构"唯上知与下愚不移"(《论语·阳货》)。老子的"道常无名"(《老子》第三十二章)、"无名,天地之始"(《老子》第一章)不同于儒家的"以'名'出'言'"。认为统治者没有资格对民进行言教,是对政治精英主义的批评。老子主张"绝圣弃智"(《老子》第十九章),主张"不自是"(《老子》第二十二章),也是为了把统治者还原为普通人,充分尊重民的"主体"地位。

本 章 小 结

老子哲学重"言行之辨",主张行胜于言。老子行论涵摄了老子哲学的认识论、天道论、修身论与治国论。

老子的体道论是"以行识道"的力行体道论。"言者不知"即道不在言说,而在力行。"道可道,非常道"的义涵与"言者不知"一致,即不是以言识道,而是以行识

_____

① 温海明. 以"名"出"言",以"言""行"事:孔子与庄子意义观之比较［J］. 广东社会科学,2013(3):59.

道，在力行中也就是在道中（"行于大道"）。"道可道，非常道"作为言行之辨，超越了既往的言意之辨、名实之辨、有限与无限之辨的流俗性诠释。把道作为无限，语言作为有限，进而认为人无法真正识道，通常会导致不可知论或神秘主义。而力行体道论，更富有实践色彩，其客观性、现实性更加突出。

老子的天道论是大化流行的天道论。道"周行而不殆"（《老子》第二十五章）、"道……生万物"（《老子》第四十二章）、"大道泛兮"（《老子》第三十四章），道是一种大化流行的行动存在。老子讲道不言，道大化流行，是在反思"神道设教"中的天帝之言，解构被君王冒充天子而假托的天帝之言。老子主张"治人事天莫若啬"，事天之啬，就是要淡化对天的祭祀、侍奉，进而突出人的地位，这是理性精神的觉醒。同时，在老子看来，宇宙生生不息，世界本身就是一个循环往复的运行场。循环往复的天道论，不同于静止不变的形而上学。

老子的修身论是且修且行的修身论。修身不能靠言语修身，"美言不信"（《老子》第八十一章），"美言可以市尊，行可以加人"，只能在力行过程中修身。修的最高力行是无身，无身意味着超越自身，超越"小我"，是一种公天下的"玄同"政治力行。

老子的治国论是不言之行的治国论。老子的治国力行智慧不同于儒家的言教传统，儒家把百姓当成孩子看护（"唯上知与下愚不移"），主张"行不言之教"。老子的治国力行，具体是通过"处无为之事"来实现。老子的无为有不强制的意蕴，统治者不得强制民，是为了彰显民的地位。说明老子主张非异化的人际关系，尤其是统治者与民之间的关系容易异化为强制与被强制的关系。老子期待统治者以无为、无事的力行来体现民本。

老子反对言，主张行，具有特定语境，最终落脚点是反对政治领域的言教，并非反对一切言。言教之外的言，是肯定的，有信言、善言、实言，老子说："言善信"（《老子》第八章）、"信言不美"（《老子》第八十一章）、"善言，无瑕谪"（《老子》第二十七章）、"古之所谓'曲则全'者，岂虚言哉"（《老子》第二十二章），但这同样不影响老子是以"行"为中心。对思想者来说，立言之言是肯定的，但立言也要观照可"行"性，所以老子说："吾言甚易知，甚易行"（《老子》第七十章）。对于教师（尤其语言类教师）、学者、知识分子来说，言本身就是行。而对于统治者来说，身教重于言教，身教才是真正的行。因而，行在老子哲学里虽具有特定性，同时也具有普遍性，行是天道（"周行而不殆"）与人生（"行可以加人"）的共同起点，老子的行论就有了理论的深刻性与实践的可行性。天道之运行有周期性、机械性（如日月之运行），而人道之行动具有个性、创造性、能动性。人禽之别，在于人有真正的行动，而动物不具有行动性，动物是先天的本能地行走（重复性的生存与繁殖）。

人法自然

　　对老子的自然概念可做两层分疏："法自然"与"辅自然"。就"人法地，地法天，天法道，道法自然"而言，从文法修辞上可以还原为"人法地，法天，法道，法自然"，人法地、天、道也就是人"法自然"（自然是地、天、道的本质），人"法自然"的诠释路线可以克服"道法自然"的诠释困境。就"圣人能辅万物之自然""百姓皆谓我自然"而言，讲的是圣人"辅自然"，意在君王应顺辅百姓之自然。其他关于自然的原文及思想，均可统摄在"法自然"与"辅自然"两层义涵之中。人"法自然"是在天人（天道与人道）关系里讨论修身智慧，是向上法（人取法地、天、道之自然），凸显天道的本原地位；圣人"辅自然"是在君民关系里讨论治国智慧，是向下辅（圣人辅百姓之自然），凸显民的自主性地位。

近年来，老子及道家的"自然"思想研究是中国哲学界的热点话题，道家学者进行了多方面的探究。关于老子的"自然"研究方面，还有一些疑难问题有待于深入研究，一是《老子》文本中五处"自然"如何自洽地打通，二是"道法自然"的诠释困境如何化解。本章从文法修辞等视域做了一点新的探索。

天人关系和君民关系，是先秦诸子普遍关心的基础性论题。关于天人关系，张曙光指出："天人关系问题是中国思想的基本问题。……先秦各家各派都有关于天人关系的学说，儒家与道家的天人观更是形成了源远流长的学术传统。"[1] 关于君民关系，陈霞指出："先秦诸子百家在政治思想上自成体系的有儒墨道法四家。对于君民关系，这四家都有论述。"[2] 关于老子的思想，陈霞不仅注意到君民关系（人与人之间的关系），同时也提及人与自然的关系："老子的思想……他在人与人关系的思考上，增加了人与自然这个维

---

[1] 张曙光. 从"天下"到"天人"：兼论中国思想的基本问题 [J]. 探索与争鸣，2017（11）：49.

[2] 陈霞. 屈君伸民：老子政治思想新解 [J]. 哲学研究，2014（5）：45.

度，对文明的进步以及随之而来的人性的扭曲等异化现象进行了形而上的反思。"①

刘笑敢在多重关系中讨论"自然"，"自然的观念在执政者与百姓的关系，圣人与万物的关系，人与天地和道的关系等方面都有最重要的价值"②。其中，"执政者与百姓的关系"，"圣人与万物的关系"，其实是同一对关系——君民关系。圣人是理想的君王，万物主要是指百姓（后文有展开论述）。"人与天地和道的关系"，在根本上是人与自然的关系（自然是地、天、道的本质）。

笔者认为，老子的"自然"概念可做两层分疏，通过"法自然"讨论天人关系，通过"辅自然"讨论君民关系。

① 陈霞．屈君伸民：老子政治思想新解［J］．哲学研究，2014（5）：45.

② 刘笑敢．老子：年代新考与思想新诠［M］．台北：东大图书股份有限公司，2015：77.

第一节　是"道法自然"还是"人法自然"：
修辞视域下的义理还原

"人法地，地法天，天法道，道法自然"（《老子》第二十五章）在楚简本《老子》甲本里居于首章的位置，也表明其"人法地，地法天，天法道，道法自然"思想的重要性。李零根据分篇符号以及思想义理，重新对该本进行了排序，[①]"人法地，地法天，天法道，道法自然"所在章节是楚简本《老子》甲本的首章，位置与今本《文子》首章吻合。本章作为首章具有合理性，因为"先对本原之道进行'定义'，再论述别的内容，思想秩序更合理"[②]。这一章可分为两个层次，首先"定义"道，然后论述人与天、地、道的关系。在"定义"道时，先确立了道的本原地位："先天地生"。在讲人与天、地、道的关系时，给出了"人法地，地法天，天法道，道法自然"的"天人关

---

① 李零. 郭店楚简校读记［M］. 北京：中国人民大学出版社，2007：3-7.

② 李健. 道"悦"与道"救"：老子之道的情意性特征［J］. 中国哲学史，2022（1）：77.

系”之重要命题。

"人法地，地法天，天法道，道法自然"中的"道法自然"是诠释的一大困境，如果"自然"与道具有同一性，即道自然，则不存在"道法"的问题；如果"自然"在道之上或道之下，会动摇道的终极（本原）地位。尹志华撰文批评过"道无所法"与"自然在道之上"的两种诠释取向，对两者的检讨是有力的，并提出他认为的可能性正解——"道效法自然原则"[①]。"道无所法"最早由河上公提出，罗安宪[②]的诠释路线倾向于此。此诠释路线的困境在于：既然道与自然具有同一性——"道无所法"，但为何老子偏要说道有所法——"道法自然"，令人难以理解；"自然在道之上"的诠释在当代比较少见，但一些学者把"道法自然"诠释为"道法万物之自然"，王博[③]、王

---

① 尹志华．"道法自然"的理论困境与诠释取向［J］．哲学动态，2019（12）：49．

② 罗安宪．论"自然"的两层排斥性意蕴［J］．哲学研究，2019（2）：71．

③ 王博．老子"自然"观念的初步研究［J］．中国哲学史，1995（3-4 合刊）：52．

中江 ①、曹峰 ② 等学者主张此诠释路线。这一诠释困境在于，凭空在自然之前加万物，不符合训诂规则，属于增字训诂。尹志华的诠释路线是"道效法自然原则"，这一诠释虽然强调道是终极，而"自然"只是原则（非实体），但把道作为主语时，同样有困境：作为终极的道，为何还要去"法"一个来自它自身的原则？

从根本上看，"人法地，地法天，天法道，道法自然"里，不是在言"道法自然"，而是在言"人法自然"，这就避开了"道法"问题的无谓争论。也有学者对此有关注，刘笑敢认为，"地、天、道都是过渡、铺陈和渲染的需要，全段强调的重点其实是两端的人和自然的关系，说穿了就是人，特别是君王应该效法自然" ③，明确提出了该句在根本上是"人法自然"，但同时又承认了"道法自然"。邓联合从修辞的角度注意到，"人法地，地法天，天法道，道

---

①　王中江. 道与事物的自然：老子"道法自然"实义考论 [J]. 哲学研究，2010（8）：42.

②　曹峰. 从因循万物之性到道性自然 [J]. 人文杂志，2019（8）：9.

③　刘笑敢. 试论老子哲学的中心价值 [J]. 中州学刊，1995（2）：69.

法自然"的归结点是人法自然，可以"撇开中间环节"，认为 A → B → C → D → E，可以写作 A → E。[①]。"道法自然"很难解通，"自然"不存在高于道，也就不存在"道法"的问题，刘笑敢和邓联合都理解为"人法自然"是正确的。但要注意到，人"法自然"是从根本上言说的，具体体现为，人法地、法天、法道，尤其人法道也是老子的重要思想，如"道常无为而无不为，侯王若能守之"（《老子》第三十七章）；"道常无名，朴。虽小，天下莫能臣也。侯王如能守之"（《老子》第五十二章）。这一问题，在唐宋老学里有所关注，如唐代李约在义理上主张"凡言人属者耳，故曰人法地地，法天天，法道道，法自然"（《道德真经新注·序》），将此章停顿为"人法地地，法天天，法道道，法自然"。[②] 刘固盛指出："宋代老学中还普遍出现了人兼法天地与道而总体上归于自然的注解"[③]。

① 邓联合. 从史官话语到哲学话语：《老子》文本两种常见句法的思想释义 [J]. 江海学刊，2012（6）：43.

② 李约. 道德真经新注 [M]. 天津：天津古籍出版社，1987：328.

③ 刘固盛. 宋代老学关于"道法自然"的诠释 [J]. 哲学研究，2018（5）：65.

李约主张停顿为"人法地地、法天天、法道道、法自然"，基本得全句义理，但还有些别扭，"地地""天天""道道"等重叠词显得拗口，实际应是"人法地、法天、法道、法自然"。这是因为李约未注意到顶真修辞的用法。在顶真修辞里，有一类顶真其重复的字词（首尾蝉联）是可以去掉的。后一句开头的词接前一句开头的词，分句之间头尾蝉联，形成顶真，仅仅是为了语音节奏效果，读起来朗朗上口。顶真修辞的义理关系在文学里是常识，只是在哲学里通常被忽视，导致忽略修辞而采取流俗性断句。

"顶真是一种修辞格。修辞格是修辞范畴的特有现象，是修辞领域中的重要方面，它是在修饰、调整语言，提高语言表达效果中形成的种种修辞方式或格式。"[①]修辞专家撰文指出，顶真修辞里不能简单根据字面形式做停顿，涉及逻辑推理，推理中往往是同体现象。例如，孔子说的"名不正，则言不顺；言不顺，则事不成；事不成，则礼乐不兴；礼乐不兴，则刑罚不中；刑罚不中，则民无所措手足"（《论语·子路》），整句突出正名思想，各分句都是

---

① 聂莉娜. 先秦两汉散文中的顶真与推理同体现象初探［J］. 修辞学习，1999（2）：30.

在突出名不正的结果，还原后是"名不正，则言不顺，则事不成，则礼乐不兴，则刑罚不中，则民无所措手足"，最终是讲"名不正则民无所措手足"。[①]同理，"人法地，地法天，天法道，道法自然"中，"人法"是各分句之同体，即"人法地，法天，法道，法自然"，人法地、法天、法道是递进关系，但根本上是人"法自然"。"自然"是地、天、道的本质，地、天、道都未发动意志，不支配万物，地、天、道乃"自然"（本然）。刘笑敢、邓联合注意到了根本上是人"法自然"，但没有注意到整句的同体现象，因而还把地、天、道也作为分句的主语，其实整句的主语是人。

顶真修辞的运用可以在《老子》文本里找到多处内证。

（1）"强为之名曰大。大曰逝，逝曰远，远曰反"（《老子》第二十五章），义理应为"强为之名曰大，曰逝，曰远，曰反"，"大""逝""远"都是道的特征，但本质特征是"反"，所以《老子》还有"反者，道之动"（《老子》

_____

① 聂莉娜. 先秦两汉散文中的顶真与推理同体现象初探［J］. 修辞学习，1999（2）：30.

第四十章）的独立表达，如反不是针对道而言而是针对远而言（"远曰反"），则不会单独言说"反者，道之动"。

（2）"道生一，一生二，二生三，三生万物"（《老子》第四十二章）实际应是"道生一，生二，生三，生万物"，根本上是"道生万物"，道是主语。本句最终落在了万物上，所以后文紧接着是"万物负阴而抱阳"。"道生万物"是老学研究者默认的命题，《文子·自然》有"道生万物"四字命题的原文。"人法地，地法天，天法道，道法自然"与"道生一，一生二，二生三，三生万物"句式一致（有的人把这两句当作一副对联使用），"道生一，一生二，二生三，三生万物"根本上是"道生万物"，同理，"人法地，地法天，天法道，道法自然"根本上当然就是"人法自然"。"道生万物"是回答"人从哪里来"，"人法自然"是回答"人到哪里去"。

（3）"失道而后德，失德而后仁，失仁而后义，失义而后礼"（《老子》第三十八章），这一句义理是"失道而后德、仁、义、礼"，仁义都是失道后的状态，所以《老子》还有"大道废，有仁义"（《老子》第十八章）的表述。从根本上看，这是论述失道而后礼，批评礼治弊病，所以老子说完"失道而后德，失德而后仁，失仁而后义，失义而后礼"，特意专门针对礼补了一句"夫礼者，忠信之薄而乱之首"（《老子》第三十八章）。

"人法地，地法天，天法道，道法自然"作为同体现象之顶真修辞，从义理上还原为"人法地，法天，法道，法自然"，解决了诸多理论困境。其一，此句根本上不是"道法自然"，而是人法自然，这克服了"道法自然"的诠释困境。其二，"人法地""地法天""天法道""道法自然"这样的停顿里，人只法地，未法天、法道等，显然不符合老子的整体思想，尤其"人法道"是老子的重要思想之一。还原为"人法地，法天，法道，法自然"，则人法地，也法天，也法道，根本上是人法地、天、道之自然——人"法自然"。其三，"人法地，地法天，天法道，道法自然"一句前文涉及"道大，天大，地大，王亦大"（《老子》第二十五章），有的学者困惑于前面是王，后面为何又变成了人。还原为"人法地，法天，法道，法自然"后，则可以克服此困境。"王亦大"是理想状态，王是圣王［《说文解字·王部》："王，天下之归往也。"董仲舒认为王是"参天地人而通道者"（《春秋繁露·王道通》）］，与生俱来的人并不能与天、地、道同作为"大"，还需要修身才能达到，人成为王（圣王）的修身路径就是："人法地，法天，法道，法自然"。

前文根据修辞视域并结合义理分析得出："人法地，地法天，天法道，道法自然"实际是在说人法地、法天、法道，而在根本上是人法自然，"自然"是地、天、道的本质。

第二节　人"法自然"：人取法天道

"自然"之所以是地、天、道的本质，是因为地、天、道无刻意与造作，也未被它力所改变和异化，是自然而然的本然存在。葛玄的《老子道德经序诀》第一句便是"老子体自然而然"。

诸多学者注意到，从训诂上看"自然"是"自己如此""本来如此"。（《说文解字·自部》："自，鼻也。"《玉篇·火部》："然，如是也。"孔颖达疏《礼记·学记》：

"然，如此也。"）结合《老子》的语境，"自然"其实也就是"本然"，"自然"和"本然"词性一致。地、天、道之自然，也就是地、天、道自己如此、本来如此，非外力改变，保持本然面貌。百姓之自然，也就是百姓自己如此、本来如此，而不是经过统治者外力改变后的状态。人"法自然"，是用"自然"来防范文化的异化，尤其是等级名教异化，所以许抗生认为老学是对中华礼乐文明异化的克制，"老子提出了对治和克服中华礼义文明危机的思想"。[①]因此，人"法自然"并非指人回到大自然，消除其文化性，而是对文化性的超越，通过回望自然的方式来克服文化异化。赤子、婴儿作为自然的象征，富有朴性："复归于婴儿……复归于朴"（《老子》第二十八章）。由此可见，"自然"作为本然，并非指大自然的野性与人的原欲，而是指一种素朴状态。"自然"（本然）是一种原则，素朴是它的本质，可以从素朴来理解"自然"，"自然"即素朴。《说文解字·木部》："朴，木素也。"高明简明扼要地解释了"素朴"，"丝未染色为'素'，木未雕琢成器为

---

① 许抗生. 当代新道家 [M]. 北京：社会科学文献出版社，2013：24.

'朴'，皆指物之本质与本性"①。

　　老子认为道是素朴的，"道常无名，朴"；《文子·道原》进一步明确为"纯粹素朴者，道之干也"。老子认为人的原初性也是素朴的，"含德之厚，比于赤子"（《老子》第五十五章），这是老子"人性本朴"的人性论，这与孟子的"性善论"和荀子的"性恶论"不同。老子的"自然"作为本然，突出朴性，反对巧伪，是肯定性表达，而非贬义与消极。老子未言动物之自然，是因为动物有野性的一面，不是素朴义之自然。

　　老子推崇素朴，素朴的反面是制作，"化而欲作，吾将镇之以无名之朴"（《老子》第三十七章）。老子对制作是有所警惕的，"始制有名，名亦既有，夫亦将知止"（《老子》第三十二章）。老子目睹了战乱时期的人道主义危机，执政者为了权力扩张与名利攫取，迫使民参与战争，他们视民的生命为草芥，民的生命成为执政者实现个人意志的工具。在哲学上推崇素朴，反对制作（巧伪），重视身，提醒警惕名货，区别出内在生命与外在异

---

　　① 高明. 帛书老子校注 [M]. 北京：中华书局，1996：314.

化文化，体现了老子深厚的人文关怀。老子还提出"故
无弃人"(《老子》第二十七章)的生命至上思想。闫
月珍说："在中国早期哲学中，人们对事物之起源的看
法，是以'制''作'与'生'为线索展开的。其中，儒
家的制作图式充分肯定了制作的意义，表达了对礼乐秩
序的向往；而以道家为代表的生长图式，反对人为制
作，强调对事物生长属性的还原，表达了对生命本身的保
护。"①《老子》中的"企者不立，跨者不行。自见者不
明，自是者不彰，自伐者无功，自矜者不长"(《老子》第
二十四章)和"我有三宝，持而保之。一曰慈，二曰俭，
三曰不敢为天下先"(《老子》第六十七章)等，都是对自
然素朴理念的进一步阐发。

　　"人法地，地法天，天法道，道法自然"实际是在
说人法地、法天、法道而在根本上是"法自然"，那么
人"法自然"实际也就是指向人与地、天、道的关系问
题，人虽然具有主体性，但人并非是决定地、天、道的
存在；相反，地、天、道对人有决定作用，人要以地、

---

① 闫月珍. 儒家的制作图式及其与道家的分判：以中国早期哲学
为中心 [J]. 中山大学学报（社会科学版），2020（2）：127.

天、道为法（人法地、天、道）。地、天、道是人之外的独立存在，都属于天道范畴，是广义的"天"，那么人"法自然"（法地、天、道）实际就构成一种天人关系。老子的天人关系不同于孔子的天人关系，孔子主张人敬天，老子则主张人法"天"（天道）。人法"天"的天人关系同样有利于克制"人定胜天"的人类中心主义的弊病。

在《老子》中，"道之遵，德之贵，夫莫之命而常自然"（《老子》第五十一章）明确了道之自然，"希言自然"（《老子》第二十三章）明确了天地之自然。

"夫莫之命而常自然"即道自足而不发动意志（汉帛本是"夫莫之爵"，是说道超越爵位，道不发动权力意志，与通行本内涵一致）。"道之尊，德之贵，夫莫之命而常自然"中的"道之尊"明确针对道，"德之贵"仍然是针对道，这里的德是玄德（玄德是道之德），本章中的"故道生之，德畜之：长之、育之、亭之、毒之、养之、覆之。生而不有，为而不恃，长而不宰，是谓玄德"（《老子》第五十一章）为证。道之玄德"长而不宰"，即道不主宰万物，"大道泛兮……衣养万物而不为主"（《老子》第

三十四章）。有学者主张在"道之尊，德之贵，夫莫之命
而常自然"里的"自然"前添加"万物"，但缺乏训诂依
据。例如，曹峰认为，"万物之所以会尊道贵德，是因为
"道"与"德"对万物'莫之命'，从而使万物能够'常
自然'"①。道对万物"莫之命"这个没问题，道不干预万
物的"自然"也没问题，但"夫莫之命"已经包含此意。
除此，本句还言说道本身也"常自然"，并不能把道自身
"常自然"改为"使万物常自然"。

对于"希言自然"一句的主语问题，争议较大。有注
家认为此句针对道，比如王弼注释为"听之不闻名曰希，
下章言，道之出言，淡兮其无味也"（《老子道德经注》第
十三章）；有学者认为此句针对统治者，理由是圣人"行
不言之教"（《老子》第二章）②。两种假设仅仅是可能性，
而缺乏内证。罗祥相认为，"'希言自然'，是无为的'圣

---

① 曹峰．从因循万物之性到道性自然［J］．人文杂志，2019
（8）：10．

② 王中江．道与事物的自然：老子"道法自然"实义考论［J］．
哲学研究，2010（8）：40．

人'之自然"①。老子虽然说圣人"行不言之教"，明确了"圣人不言"，但并不能得出"不言"只针对统治者。比如老子还说"圣人处无为之事"（《老子》第二章），而无为不只属于统治者，还属于道——"道常无为而无不为"（《老子》第三十七章）。其实，"希言自然"章的主语问题，只能根据具体语境来判断。从"希言自然"紧跟的后一句"故飘风不终朝，骤雨不终日。孰为此者？天地。天地尚不能久"（《老子》第二十三章）来看，"希言自然"只能是针对"天地"。一是后文提到的是"孰为此者？天地。天地尚不能久"；二是从义理上，天地的常态是"希言自然"，而"飘风""骤雨"仅仅是非常态，故不长久。"希言自然"与"故飘风不终朝，骤雨不终日。孰为此者？天地。天地尚不能久"两句，是用"故"来连接，更能证明此处都在言说天地。因而，"希言自然"即天地不言故自然。

老子言道之自然与天地之自然，最终是为了言说人如何法道与天地。"夫莫之命而常自然"，是讲道与万物的关

---

① 罗祥相.论老子"自然"思想的逻辑展开［J］.哲学研究，2020（2）：47.

系，道生万物而不控制万物，则万物尊道贵德（"道生之，德畜之，物形之，势成之。是以万物莫不尊道而贵德。道之尊，德之贵，夫莫之命而常自然"[《老子》第五十一章]），实际是为了引出执政者不应干预民。"希言自然"的主体是天地，但言天地最终是为了言执政者（"天地尚不能久，而况于人乎？"），天地"希言"，是为了给圣人"行不言之教"提供依据。"天之道，利而不害；圣人之道，为而不争"（《老子》第八十一章）、"天地不仁，以万物为刍狗。圣人不仁，以百姓为刍狗"（《老子》第五章）、"天地所以能长且久者，以其不自生，故能长生。是以圣人后其身而身先，外其身而身存"（《老子》第七章）也是由天道下落到圣人之治。从天道（道、天地）到圣人，这是天人合德的思维。

人"法自然"，是一种天人关系，具体关系是人法道、天地之自然。而道自然是不命令（"夫莫之命而常自然"）、天地自然是不言教（"希言自然"），也就是天道不强制人。这种天人关系推向到政治领域（君民关系），就是君不强制民，辅百姓之自然，这是"自然"的第二层含义，下文将进一步展开论述。

第三节 圣人"辅自然"：君不强制民

人"法自然"是老子学说中的"天人关系"，是修身路径。圣人"辅自然"，则是老子学说中的"君民关系"，是治国路径。"辅自然"出自"以辅万物之自然，而不敢为"（《老子》第六十四章），楚简本《老子》甲本作"是故圣人能辅万物之自然，而弗能为"，有主语"圣人"。

圣人"辅自然"，是"辅万物之自然"，但这里的万物主要是百姓。郑开说："'万物之自然'相当于万民（百姓）之自然。"[①]"道常无名，朴。虽小，天下莫能臣也。侯王若能守之，万物将自宾"（《老子》第三十二章）、"道常无为而无不为，侯王若能守之，万物将自化"（《老子》第三十七章）等原文里，侯王与万物对举，也说明万物主要指百姓。"万物将自化""万物将自宾"中的万物实际就是万民（百姓）。"功成事遂，百姓皆谓我自然"（《老

---

① 郑开.道家的自然概念：从自然与无的关系角度分析［J］.哲学动态，2019（2）：51.

子》第十七章），进一步明确了"圣人能辅万物之自然"，即圣人能辅百姓之自然。楚简本《老子》丙本作"成事遂功，而百姓曰我自然也"，这里的"我自然"是百姓之自然，是"百姓曰"的原话，"我"是第一人称。意指百姓认为自己本来如此，这也是在评价执政者做到了"辅万物之自然"。

刘笑敢注意到，"百姓皆谓我自然"是"从君民关系的角度推重自然"[1]。在老子看来圣人能辅万物（百姓）之自然是最佳的治国方案，执政者不强制民，民保持自然状态。这一主张的具体体现是"太上，下知有之"（《老子》第十七章）。老子指出，对于合道的执政者，百姓之所以仅仅知道他的存在而不知道他的作为，是因为合道的执政者未发动权力意志干预百姓。在早期，"百姓"指百官，春秋末期起，"百姓"即指民，"作为指称贵族、百官的'百姓'，其获得'平民'语义的时间可能在春秋末期"[2]，

① 刘笑敢.老子：年代新考与思想新诠［M］.台北：东大图书股份有限公司，2015：69.

② 唐代兴，唐梵凌.孔子民本思想的返本开新［J］.哲学研究，2017（11）：60.

"春秋中期以后，在社会大变革中，阶级分化急剧地进行，姓已不能再作为贵族身份的标志，而只有别婚姻的作用了。所以从春秋后期起，'百姓'开始转变为表示民众的意思"①。《老子》里的"百姓"不是百官，而是民，也符合相关的考证结论。

"辅自然"的"辅"与"主"相对，即执政者是辅助地位，而非主导地位。道不主宰万物，圣人合道，圣人也不主宰万物（百姓），而是采取"辅"的方式，意指万物（百姓）是主人，执政者应顺应万物（百姓）的意志。"圣人无常心，以百姓心为心"（《老子》第四十九章）在某种程度上蕴含着执政者是服务者角色的理念。

"辅自然"在《老子》里就是无为。"以辅万物之自然，而不敢为"（《老子》第六十四章）中的"不敢为"也就是无为，圣人"辅万物之自然"正是无为的要义。郑开提到，"'辅万物之自然'之后紧接着的一句是'而不敢为也'，似乎也表明了自然与无为两个概念的匹配性"②，"从

---

① 唐代兴，唐梵凌. 孔子民本思想的返本开新 [J]. 哲学研究，2017（11）：60.

② 郑开. 道家的自然概念：从自然与无的关系角度分析 [J]. 哲学动态，2019（2）：51.

老子开始，自然和无为两个概念呈现了很强的相关性"①。

"无为"最早出现于《诗经》，但它不是哲学概念。老子将"无为"作为哲学概念进行了系统化论述，无为之治也因此成为老子治国思想的一大特质。"无为"作为"辅自然"，根本上是不强制，体现为执政者不得强制民。"为"的甲骨文字形是"爪象"，其义为驯化大象，人让大象干活，是把自己的意志强加在大象身上，改变了大象的自然状态。"爪象"的本意即意志强加，可引申为强制。"为"是强制，"无为"即不强制。刘笑敢注意到，"自然的秩序高于强制的秩序"②，"老子从来不反对社会秩序，老子所反对的只是强加人的秩序，是为了实现某种秩序而实行的苛严烦琐的干涉与控制……强制的秩序必然是集权和专制的产物"③。陈霞提到，"限制君才能伸张'民'对生命和财产的追求，对生活方式的选择，使民成为价值主

---

① 郑开. 道家的自然概念：从自然与无的关系角度分析［J］. 哲学动态，2019（2）：51.

② 刘笑敢. 老子：年代新考与思想新诠［M］. 台北：东大图书股份有限公司，2015：99.

③ 同上。

体，并实行自我管理。"①老子的"我无为而民自化"(《老子》第五十七章)、"圣人无常心，以百姓心为心"(《老子》第四十九章)，都明确体现老子反对执政者强制民，反对执政者意志的强加。因此，老子的治国思想，根本上是一种民本思想。

老子反对有为，主张无为，与当时的历史处境有关。道家除了重视法天道，还重视省历史(通古今)，《汉书·艺文志》明言"道家者流，盖出于史官，历记成败、存亡、祸福、古今之道"。老子是史官②，他也一直在深刻反思历史与文化：一是对诸侯争霸之武力、暴力流行的抵制，他提出"以无事取天下"(《老子》第五十七章)的非武力方案；二是对仁义道德与礼教治理的反省，他提出"大道废，有仁义"(《老子》第十八章)、"夫礼者，忠信之薄而乱之首"(《老子》第三十八章)的告诫。在老子看来，有为违道则不久，无为合道才能持久，"为者败之，执者失之"(《老子》第六十四章)。民之难治的根源在

---

① 陈霞. 屈君伸民：老子政治思想新解 [J]. 哲学研究，2014(5)：47.

② 王博. 老子思想的史官特色 [M]. 北京：文津出版社，1993.

于执政者有为："民之难治，以其上之有为"（《老子》第七十五章）。

本 章 小 结

对老子的"自然"概念可做两层分疏，"法自然"与"辅自然"。人"法自然"与圣人"辅自然"是在相互的关系中展开的。人"法自然"，是人法地、天、道之自然，即人道遵循天道（天道包括地、天、道），是在讨论天人关系。人取法于"天"，这也是"以天为则"的思维方式。圣人"辅自然"（"以辅万物之自然""百姓皆谓我自然"），是在讨论君民关系，理想的君王是圣人，圣人不强制百姓而百姓自主自为。人"法自然"是向上法，圣人"辅自然"是向下辅。天道（地、天、道）之自然，是人要去取法的；君王要去顺辅百姓之自然，而不是强制百姓而改变其自然（本然）。侯王的无为表现为法天道之自然而辅万物（百姓）之自然，法天道之自然即法"天道不强制人"（不命令、不言教），辅万物（百姓）之自然是"君不强制民"。这就是老子的"自然"在天人关系与君民关系中的贯通。

　　"人法地，地法天，天法道，道法自然"，从修辞上还原为"人法地，法天，法道，法自然"（人法地、天、道而根本上是人"法自然"），这克服了"道法自然"的诠释困境。要注意的是，地、天、道之自然作为天道自然，是一种超越性存在，地、天、道作为"域中有四大"中的三大。人法地、天、道之自然则成为王（圣王／圣人），王也是"域中有四大"（《老子》第二十五章）中的一大。而"万物（百姓）之自然"中的自然是一种非超越性存在，是"民自朴"。共性是地、天、道之自然（天道自然）与百姓自然都是本然之义，都指向素朴。人"法自然"与圣人"辅自然"，一个主体是人，一个主体是圣人。两者的区别在于前者是普遍性的修身主体；后者是特定性的治国主体，圣人是传统社会理想化的治国主体，是理想的君王。"法自然"与"辅自然"有三大差异：主体差异、对象差异、关系差异。"法自然"的主体是人，"辅自然"的主体是圣人（意在说君王）；"法自然"的对象是天道（是法地、天、道之自然），"辅自然"的对象是百姓（辅百姓之自然）；"法自然"是天人关系，"辅自然"是君民关系。

人"法自然"而成为圣人，圣人"辅自然"而成就理想社会，这是由内圣而外王的中国传统文化特色。当然，现代社会以法治为基础，已经超越了内圣外王的人治结构。

第三章

道人合一

天人关系是先秦时期学术思想中的一个重要范畴，《老子》中的天人关系即道人关系。老子认为道人关系表现为两大维度：从"道生万物"的角度构建道人关系，从"道生德畜"的角度解决人道沟通。

司马迁在《报任安书》中说："究天人之际，通古今之变。"天人关系的问题是中国哲学中的一个重要议题，老子的道人关系理论实质即天人关系。

第一节 道生万物：老子之道人关系

道与人的关系是生与被生的关系。老子认为，道是本原，是万物的起始，"有物混成，先天地生"（《老子》第二十五章）。即道是先于万物的，也是先于人的，人由道所生。（道作为本原，著名哲学家张岱年把道论作为本根论，道即本根，"关于本根，最早的一个学说是道论，认为究竟本根是道。最初提出道论的是老子"。[①] 胡适认为老子之道先于天地，是老子最大的贡献，"老子最大的功劳，在于超出天地万物之外，别假设了一个'道'。"[②]）道是从无中生出了有，"天下万物生于有，有生于无"（《老子》第四十章）。道生万物，是依先后顺序而生出的，"道生一，一生二，二生三，三生万物"（《老子》第四十二章）。"既然'道'是'常道'，而'常道'是无时间性的永恒存在，'万物'则是有时间性的有限存在，那么这一过程

[①] 张岱年. 中国哲学大纲 [M]. 北京：昆仑出版社，2010：22.

[②] 胡适. 中国古代哲学史 [M]. 上海：上海古籍出版社，2013：37.

是如何从永恒到有限的？正是由于'生'的作用。"①道与万物（以及人）是生与被生的关系，生即生成，而不是创造。"'道生万物'的生，不能理解为'生殖'，而应理解为'成'，即生化、分化、演化、发展。"②生是无意志的，是一种自然力（犹如母亲生育孩子，是自然而然的生成，而不是人为创造的）。

道与人的关系是合一关系。老子之道是无限的，人是有限的，但人如果与道同在，便可以实现无限性，即人有超越有限通向无限的可能。当人与道同在，就不再是有限的人，而是无限的完满的人——王，王和天、地、道就同样具有了无限性，"道大，天大，地大，王亦大"（《老子》第二十五章）。有的《老子》版本如傅奕本、范应元本是"人亦大"，显然不符合《老子》的整体精神，作为有限的人怎能与道同为大呢？如果人与道同为大，人就无须去效法地、天和道了，就与"人法地，地法天，天法道，道

---

① 王骏. 从"道生"与"神说"看中西经典诠释思想之异同：以《道德经》和《圣经》为例 [J]. 沈阳工业大学学报：社会科学版，2015（3）：286.

② 陈鼓应，白奚. 老子评传 [M]. 南京：南京大学出版社，2001：120.

法自然"(《老子》第二十五章)相违背了。所以，"王亦大"的版本是符合《老子》整体精神的。王不等于政治意义上的君王、帝王，而是具有精神完满意义的通"道"的人——圣人，当然圣人也是要参与治国的，老子所说的王也即内圣外王的圣王。《庄子》也认为王和圣具有同一性，"圣有所生，王有所成，皆源于一"(《庄子·天下》)。王也就是道者(得道者)，与道同在的人，"故从事于道者同于道"(《老子》第二十三章)。人效法道的过程，是意志否定的过程，"为道日损，损之又损，以至于无为"(《老子》第四十八章)。人效法道的过程即为道的过程，需要做减法，逐步地否定意志，最终彻底否定意志，达到无为的状态，这就是圣人的状态。

道与人的关系是平等的关系，犹如"朋友关系"，道不是高高在上的主宰者、审判者。人可以与道同在，只是人需要去发现道、体悟道和同于道。道不容易被人所认识，凭借理性认识是无以穷尽道的终极的，"道可道，非常道"(《老子》第一章)。但道可以通过体悟的方式去直观它，"故常无欲，以观其妙"(《老子》第一章)。当人的心灵达到一种无欲、静观的状态，便可以照见道的奥秘。

老子把这种体悟状态又称作"致虚极，守静笃"（《老子》第十六章）。体悟的状态是一种直觉的认识方式，不是一种理性分析的认识方式，因而需要内心的虚静，需要闭合感官和欲门，"塞其兑，闭其门"（《老子》第五十六章），达到一种没有分别的，亦非二元对立的整全状态，"是谓玄同"（《老子》第五十六章）。《庄子·齐物论》表述为："道通为一。"因而，道与人之间并不是阻隔的、分离的，而是畅通的、连接的，可以达到一种道人合一（天人合一）的状态。老子的思维方式属于东方的直觉，是"我悟故我在"，而不同于西方的理性、分析——"我思故我在"（笛卡尔语）。如果说西方擅长于用思维分析，东方尤其以老子为代表则是擅长于用心灵静观。

在价值选择上，道与人的关系是同质关系，即道是人的行事法则，道"可以为天下母"（《老子》第二十五章），人效法道并与道保持一致便是一种完满，"人法地，地法天，天法道，道法自然"（《老子》第二十五章）。而依道而行的人就是完满的人——圣人。道是无为的，即无意志的，"道常无为"（《老子》第三十七章）。圣人也是无为的，即无意志的，"是以圣人处无为之事，行不言之教"

（《老子》第二章）。无意志的状态就是与道同在的我忘却与欲求同在的我，《庄子·齐物论》表述为"吾丧我"。这种无意志的状态，叔本华称之为"优良意识"，"无我因而没有瓜葛，（叔本华）的'优良意识'正是以这样的方式面对着世界，只是正因为这个世界再也无法对'自我'起作用了。"① 道是无名的，"道常无名，朴"（《老子》第三十二章）。圣人也是无名的，所以《庄子·逍遥游》直接表述成"至人无己，神人无功，圣人无名"。道是素朴的，"道常无名，朴"（《老子》第三十二章）。圣人也是素朴的，"见素抱朴"（《老子》第十九章），"复归于朴"（《老子》第二十八章）。道的运用方式是柔弱的，"反者，道之动；弱者，道之用"（《老子》第四十章）。圣人也是贵柔的，"是以圣人之治：虚其心，实其腹；弱其志，强其骨"（《老子》第三章）。"知其雄，守其雌，为天下溪。为天下溪，常德不离，复归于婴儿"（《老子》第二十八章）。道是"损有余而补不足"（《老子》第七十七章），圣人也是"能有余以奉天下"（《老子》第七十七章）。圣人不积累

---

① 萨弗兰斯基. 叔本华及哲学的狂野年代 [M]. 钦文，译. 北京：商务印书馆，2010：218.

财富，越是给予别人，自己的精神世界就越富有，与道同在，"圣人不积，既以为人，已愈有；既以与人，已愈多"（《老子》第八十一章）。

第二节 道生德畜：老子之人道沟通

道作为本原，是先在的。万物由道所生，人也由道所生，"夫'道'也者，取乎万物之所由也"（《老子指略辑轶》）。道与人之间并不是分离的，其中沟通的桥梁便是德，"道生之，德畜之"（《老子》第五十一章）。德是道先天的赋予人的本真人性，但人的后天欲望彰显之后，德被遮蔽，"失者同于失"（《老子》第二十三章）。这就需要重新复归，与道、德同在，"故从事于道者，道者同于道，德者同于德"（《老子》第二十三章）。

老子言说的德，有别于孔子言说的德。老子的德超越仁义道德意义，而孔子的德是仁义道德意义，老子明言："绝仁弃义"（《老子》第十九章）。老子的德，其具

体含义也有不同，一般认为德就是得道，道家文化学者陈
鼓应也认同这样一种说法，"老子的'德'是得'道'的
意思，《管子·心术》说：'德者得也。'"① 这样的说法其
实还是有些问题的，因为老子的德是名词，而得道是动宾
结构；老子的德是先天的，而得道是后天的人为努力。另
外，管子说："德者得也。"只是说"得"，而并未说"得
道"；再则，管子说的德，未必和老子说的德是一致的，
不排除管子说的德是仁义道德的德。笔者认为，德即性
也，即道赋予人的原初性。人的原初性，在心性上就表现
为本心，所以郭店《老子》甲本中的德，其原文为"悳"。
"悳"，从直从心，本心也。人未被文化、社会异化的原初
性，那就是犹如婴儿时期的本心状态，"含德之厚，比于
赤子"（《老子》第五十五章）。哲学家叔本华也主张人的
这种原初性，"唯有与生俱来的才是真实的，才是完好无
缺的；任何想要有所作为的人不论是在实际生活中，还是
在文学中，抑或在艺术中，都必须做到无意识地恪守自然

---

① 陈鼓应. 中国哲学创始者：老子新论 [M]. 北京：中华书局，
2015：37.

法则。"①

德是来源于道的，是道赋予人的原初性、本性，"孔德之容，惟道是从"（《老子》第二十一章）。"所谓'德'，便是物得之于'道'的本性。"②亦即德分有了道性，而道性是"生而不有，为而不恃，长而不宰，是谓玄德"（《老子》第五十一章）。道生了人，而不占有人，不干预人，不主宰人。道是一种大德、元德，即"玄德"。人生于道，人依据于德，所以道和德是人实现完满的根本坐标，"是以万物莫不尊道而贵德"（《老子》第五十一章）。人的本原是道，本性是德，一道一德就是人的依归，所以《老子》又名《道德经》。宋徽宗在《御注西升经序》中说："万物莫不由之谓之道，道之在我谓之德。道德，人所固有也。"孔子也讲道和德，但孔子的道和德还在仁义的范围里，道即仁道，德即仁性。在老子看来，仁义是失去大道后的末端表现，"大道废，有仁义"（《老子》第

---

① ［德］叔本华. 叔本华论说文集［M］. 范进，柯锦华，秦典华，孟庆时，译. 北京：商务印书馆，1999：455.

② 陈鼓应. 中国哲学创始者：老子新论［M］. 北京：中华书局，2015：37.

十八章）。也就是用仁义替代根本之道和德，在老子看来这是历史的退步，"故失道而后德，失德而后仁，失仁而后义，失义而后礼。夫礼者，忠信之薄，而乱之首"（《老子》第三十八章）。所以老子反对仁义，也反对礼，认为礼是混乱的根本。老子也反对法，认为法是一种舍本求末的强制，导致的结果是社会的动乱，"法令滋彰，盗贼多有"（《老子》第五十七章）。之所以如此论断，是老子主张自然，而要超越人力，而智能的发动就是一种人力，"智慧出，有大伪"（《老子》第十八章）。"故以智治国，国之贼"（《老子》第六十五章）。所以老子不是法治的提倡者，而是道治的提倡者，道治就是自然之治，无为之治，"为无为，则无不治"（《老子》第三章）。"不以智治国，国之福"（《老子》第六十五章）。"不以智治国"就是以道治国。战国黄老道家则开始重视法的作用，出土的《黄老帛书》（或为《黄帝四经》[①]），"提出了'道生法'的思想，主张刑名法治。"[②]

---

① 陈鼓应认为出土的《黄老帛书》就是失传的《黄帝四经》。

② 许抗生. 当代新道家 [M]. 北京：社会科学文献出版社，2013：111.

德的状态表现为四个方面。一是有德之人柔弱不争，虚怀若谷，谦卑不盈，"上德若谷，大白若辱，广德若不足，建德若偷"（《老子》第四十一章），不争是一种和平思想，反对战争，"善为士者不武，善战者不怒，善胜敌者不与，善用人者为之下，是谓不争之德"（《老子》第六十八章）。老子认为，如果坚持不争的思想，依道而行，象征邪恶力量的鬼对人也不会产生伤害作用，"以道莅天下，其鬼不神；非其鬼不神，其神不伤人；非其神不伤人，圣人亦不伤人。夫两不相伤，故德交归焉"（《老子》第六十章），老子解构了鬼的地位。二是有德之人，宽厚包容，"善者吾善之；不善者吾亦善之，德善。信者吾信之；不信者吾亦信之，德信"（《老子》第四十九章）。善待不善者，老子称之为"报怨以德"（《老子》第六十三章）。德国哲学家叔本华认为，"人以非义加于我，并非使我有权以非义加于人。以怨报怨而别无其他意图，既不是道德的，也没有任何理性上的根据可以把它说成是合理的。"① 孔子则主张"以直报怨"（《论语·宪问》）。三是

---

① ［德］叔本华. 作为意志和表象的世界［M］. 石冲白，译.［M］. 北京：商务印书馆，1982：475.

有德之人，具有公心，超越一己之私，"有德司契，无德司彻"（《老子》第七十九章）。"圣人无常心，以百姓心为心"（《老子》第四十九章）。圣人不积累财富，而善于给予，"圣人不积，既以为人，己愈有；既以与人，己愈多"（《老子》第八十一章）。"孰能有余以奉天下，唯有道者"（《老子》第七十七章）。公心就是超越小我，超越我与他者的对立，"对于我们想象中的这位崇高的人则相反，对于他，人我之分就不是那么重要了"。[①]四是有德之人，超越智能，与道同在，"以智治国，国之贼；不以智治国，国之福。知此两者亦稽式。常知稽式，是谓玄德。玄德深矣，远矣"（《老子》第六十五章）。老子认为，智能属于满足欲望的小智，是一种背离自然的人力努力，"智慧出，有大伪"（《老子》第十八章）。因而需要超越智能，而通向大道，"绝圣弃智"（《老子》第十九章）。

人通过德而沟通道，其方式和途径便是复归。也就是人的德是先天具有的，需要复归，但复归的过程是一个超越的过程。比如人的原初性—婴儿状态，是无知无欲的，

① ［德］叔本华. 作为意志和表象的世界［M］. 石冲白，译.［M］. 北京：商务印书馆，1982：508.

而复归的过程经历了有知有欲，而又超越了有知有欲。也就是一方面，从人无知无欲走向有知有欲，这是必然的过程；另一方面，从有知有欲再次走向无知无欲，是一个超越觉悟的过程。两者是矛盾的对立统一，是否定之否定的过程。复归于人的原初性，就是复归于婴儿之心，而婴儿之心也就复归了道：无极，而道的状态是素朴的，"常德不离，复归于婴儿……常德不忒，复归于无极……常德乃足，复归于朴"（《老子》第二十八章）。

人通过德而沟通道，其方式和途径便是复归，而复归的过程也是一个修道的过程。每个人的修道程度有高有低，这取决于为公的广度，这就是人的德的广度。人的德的广度分别是身、家、乡、国、天下的范围逐步延伸，这也是老子思想中的内圣外王之道。亦即老子的思想是具有社会责任感的，个人的德，需要外推。"修之于身，其德乃真；修之于家，其德乃余；修之于乡，其德乃长；修之于国，其德乃丰；修之于天下，其德乃普"（《老子》第五十四章）。"早服谓之重积德；重积德则无不克，无不克则莫知其极；莫知其极，可以有国；有国之母，可以长久。是谓深根固柢、长生久视之道"（《老子》第五十九章）。老子讲的修之于身、家、乡、国、天下，与《大学》讲的修身、齐家、治国、平天下，是有相通之处的。当然两者的修是有差异的，老子的修是修本然之德，而《大学》中的修是修仁义之德。

人从无知无欲的婴儿，到有知有欲的社会人，还不是完满的人，还必须超越有知有欲，复归于高级阶段的无知无欲。人从无知无欲的婴儿，到有知有欲的社会人，是"为学日益"（《老子》第四十八章）。从有知有欲的社会人，复归于高级阶段的无知无欲，是"为道日损"（《老子》第四十八章）。"为道日损"的过程，就是意志消减的过程，直至意志的彻底熄灭，"损之又损，以至于无为"（《老子》第四十八章）。"随着意志的取消，意志的整个现象也就取消了"，①而这样的状态就是符合道的状态，是与道同在的状态，"道常无为"（《老子》第三十七章）。

---

① 叔本华．作为意志和表象的世界［M］．石冲白，译．北京：商务印书馆，1982：559．

本 章 小 结

　　老子的道生万物，其道人关系是同质关系。基督教的神造万物论不同于道生万物，其神人关系是异质关系。道与人作为同质关系是一种合一关系，即人可以成为道者与道同在，"道者同于道"（《老子》第二十三章）。生成是一个自然而然的过程，是一种自然力，也可以理解为道由隐展开为显的过程，都是无意志的过程。老子的道是没有言语的，"寂兮寥兮"（《老子》第二十五章），"听之不闻"（《老子》第十四章），道在生万物的过程中也是没有言语的。道与人具有内在的一致性，知道了道就知道了人，而人要复守道，"既得其母，以知其子；既知其子，复守其母"（《老子》第五十二章）这里的母指道，道"可以为天下母"（《老子》第二十五章）。子指人，人为道所生。老子主张的本原与人的内在性一致，具体表现为：本原道是无为的、素朴的、柔弱的、利他的，人也可以达到无为、素朴、柔弱、无私，老子认为完满的人——圣人，也是素朴的、柔弱的、无私的。道与人是平等的关系，道不发布指令，不干预人，它是静穆的，等待人去发现它。

道无权力意志，落到人事，就是与道合一的人——圣人，也无权力意志，圣人不彰显意志去控制别人，"是以圣人处无为之事，行不言之教"（《老子》第二章）。

老子把道生德畜作为人与本原的沟通，人道沟通是一种"我它"关系，作为非主体间关系，不同于基督教所论述的人神关系。我它关系是主客关系，我（人）具有主动性，通过内在的复归，彰显出德，便是得道。我它关系是一种非情感互动关系，所以道与人不进行言语交流。老子的道是无声无息的，不像人直接说话，安安静静的自然运作，"视之不见名曰夷，听之不闻名曰希，搏之不得名曰微。此三者，不可致诘，故混而为一"（《老子》第十四章）。"听之不闻"就是说道是无声无息的，道是不言的。老子把德作为人道沟通的中介，老子认为的德是道赋予人的原初性、本性，德分有了道性。通过德沟通道，是一个向内守的过程。老子用"自然"（本然）、"素朴"来体现德，"人法地，地法天，天法道，道法自然"（《老子》第二十五章），"道常无名，朴"（《老子》第三十二章），"见素抱朴"（《老子》第十九章）。既然人的本性、本心、原初性就是德，那么人守德不是去外求，而是去除非"自然"、非"素朴"之巧伪即可，老子表述为"无为"，"道常无为"（《老子》第三十七章），"是以圣人处无为之事"（《老子》第二章）。老子说的"无为"也包含"无伪"的意蕴（伪者，人为也），所以老子对"伪"保持着警惕，"慧智出，有大伪"（《老子》第十八章）。

第四章

圣人之道

　　对"如何存在"的追问关涉意义世界的构建。老子学说从存在的根基、目的、价值、状态四个维度展开，构建了整合的意义世界。与道同在是存在的根基（与道同在的内涵："道者同于道"；与道同在的依据："道生万物"；与道同在途径：体道与行道），成为圣人是存在的目的（圣人的内涵：得道的人；成为圣人的依据：超凡脱俗；成为圣人的途径：人法道），素朴是存在的价值（素朴的内涵：本真；素朴价值的依据：道朴；素朴价值的实现途径：守道），虚静是存在的状态（虚静的内涵："归根曰静"；虚静的依据："静为躁君"；形成虚静状态的途径："不欲以静"）。

　　生命本原属于本原论问题，通俗地说，就是"人从哪里来"的问题。而生命意义，属于价值论问题，即"人到哪里去"的问题。前者是探索"人为何存在"，后者是探索"人应当如何存在"。人的存在与动物的生存有本质的区别，其中一个差异就是人的存在是一种价值存在，而动物的存在是一种本能生存。叔本华说："一个动物被安置在某一环境里，它就得局限在自然给它安排的这个狭小圈子里。"① 叔本华还说："较低等的动物只具有它所属的类的一般特征，而人是唯一能够声称具有个性特征的生物。"② 人有自我意识，能意识到自己的存在，对自我具有反思的能力，而动物则本能地生存在先天所具有的规定性里。人是一种价值存在，具有追求价值、创造价值的能力，各大哲学家都试图为人类创造价值，建构意义世界。

　　道的本义是路，这在文字学领域已取得基本共识。吴澄在《道德真经注》里注"道可道非常道"一句的首字"道"时，也同样提到："道，犹路也。"路有时直接叫作

---

　　① 叔本华. 叔本华论说文集［M］. 范进，柯锦华，秦典华，孟庆时，译. 北京：商务印书馆，1999：7.

　　② 同上，451。

道，比如给盲人留的路叫作"盲道"。那么道的本义"路"与形上的哲学义之间有何关联性呢？当门卫问访客"你从哪里来，到哪里去"，这涉及本义"路"的问题。而哲学家问"人从哪里来，到哪里去"问的也是路，但这是哲学意义上的形上之路。"人从哪里来"是本原之路（体），"人到哪里去"是价值之路（用），所以老子用道（路）来表达这种形上之路（生活中说要走正道，不要把路走错了，涉及价值）。

老子在建构人的价值时，不是直接给定一种价值，而是把价值建立在与本原的关系之上。老子认为，道是人确立价值的依据，人由道所生，人的价值离不开人与道的关系。

第一节 与道同在：存在的根基

天人关系是中国哲学的重要内容和特色，天不只是自然意义的天，更是本原意义的天，是能生万物的天。天人

关系在老子思想里，实际就是道人关系。在老子思想里，
道是本原，能生万物。天人关系有两种主要可能性，一种
是天人合一，一种是天人分离。大体来说，中国哲学更主
张天人合一，"中国哲学中，关于天人关系的一个有特色
的学说，是天人合一论"①；西方哲学更主张天人二分。西
方哲学认为人是主体，世界是客体，世界是人的认识对
象，人与世界保持着一种距离。老子思想注重天人合一，
即道人合一。

一、与道同在的内涵："道者同于道"

老子认为，得道的人——道者，是与道同在的，"道
者同于道"（《老子》第二十三章）。人与道的合一、同一，
老子认为是最终极最玄妙的同一，"是谓玄同"（《老子》
第五十六章）。得道的人——道者，也就是圣人。老子的
道人合一的思想，对后世道家以及整个中华文化的影响都
是深远的。《庄子》受到老子思想的影响，《庄子·齐物论》
把道人关系表述为"道通为一"②。在儒家经典《中庸》开

---

① 张岱年. 中国哲学大纲 [M]. 北京：昆仑出版社，2010：204.

② 孙通海译注. 庄子 [M]. 北京：中华书局，2007：34.

篇，也同样体现了天人合一的思想，"天命之谓性，率性
之谓道。""天命之谓性"是讲本原的天，是天道，"率性
之谓道"是讲人，是人道，人道要合乎天道。

老子还把与道同在的思想用在治国理想里，提出了同
道与离道（有道与无道）两种社会状态，"天下有道，却
走马以粪。天下无道，戎马生于郊"（《老子》第四十六
章）。有道社会无事安民，百姓各自回到自己本有的状态，
"悠兮其贵言，功成事遂，百姓皆谓我自然。"（《老子》第
十七章）无道社会，则是扰民折腾，对民构成了侵害，"是
谓盗夸"（《老子》第五十三章）。离道的做法，必然不可
长久，"强梁者不得其死"（《老子》第四十二章），"物壮
则老，谓之不道，不道早已"（《老子》第五十五章）。

二、"道生万物"：与道同在的依据

老子主张天人合一，表现为与道同在，同时为与道同
在给出了理由。主要表现为正反两个方面。

一方面，老子认为，人由道所生，所以人要与道同
在。道是本原，是生万物的根本，"道生一，一生二，二生
三，三生万物"（《老子》第四十二章）。老子认为世界是

有开始的，这个开始就是道，道是天地万物的本原。由于道和人是不分离的，知道了道就知道了人，知道人就要守道，从而与道同一，"天下有始，以为天下母。既得其母，以知其子，既知其子，复守其母，没身不殆"（《老子》第五十二章）。人与道同一的状态，表现为人的德，德就是人从道那里获得的道性，即人的原初性、先天性，也就是本性、本然、本心。"所谓'德'，便是物得之于'道'的本性。"[①] 人的德总是与道保持一致性、合一性，"孔德之容，惟道是从。"（《老子》第二十一章）德是本性、本然、本心，也就是老子说的自然。自然不是大自然的具体存在物，而是指人的本然状态。

　　另一方面，老子认为，如果人与道分离，个人和社会都会出现异化。人与道的合一状态，是人的人性、本然得到了呈现，当人与道分离时，人遮蔽了自己的本性、本然，而突出了人为之巧智，老子认为这是巧伪的开始，"慧智出，有大伪。"（《老子》第十八章）因而老子也批判了儒家的德，仁义礼是脱离道的表现。道是根本，儒家

---

　　① 陈鼓应. 中国哲学创始者：老子新论 [M]. 北京：中华书局，2015：37.

的德、仁义礼只不过是末端表现，"故失道而后德，失德而后仁，失仁而后义，失义而后礼。"（《老子》第三十八章）老子尤其反对礼本位的作用，认为那是末端之末端，是最大的背离道，因而推崇礼本位的人也就是社会动乱的罪魁祸首，"夫礼者，忠信之薄，而乱之首。"（《老子》第三十八章）许抗生也认为，"老子提出了对治和克服中华礼义文明危机的思想。"①当执政者不守根本的道，而发端私欲和智性，老子认为这也是腐败政治产生的根源，老子对腐败政治进行了描述，"朝甚除，田甚芜，仓甚虚；服文彩，带利剑，厌饮食，财货有余。"（《老子》第五十三章）老子认为执政者的腐败行为，又正是社会混乱的源头，这都是背离道的行为，"是谓盗夸。非道也哉！"（《老子》第五十三章）

三、与道同在的途径：体道与行道

人如何做到与道同在，老子也给出了原则性的方法。

首先是体道，真切地体验到道的存在。这涉及认识道

---

① 许抗生. 当代新道家 [M]. 北京：社会科学文献出版社，2013：24.

的方法，也就是哲学上讲的认识论。老子的认识论主张直觉静观，而不是理性认识。"老子明确指出，不要企图用有限的理性的连贯性去清晰地表述道。"[①] "道不是认知或逻辑把握的范畴。"[②] 理性认识靠逻辑的推理和演绎，而直觉的认识靠心灵的体悟，所以老子思想强调静观。老子认为靠理性认识是无法认识到道的，只有靠心灵直觉所体悟的道才是终极的道，而心灵直觉的状态就是理性逻辑退场的状态，是无知无欲的静穆状态，"故常无欲，以观其妙"（《老子》第一章）。所以老子特别强调虚静的生命状态，"致虚极，守静笃"（《老子》第十六章）。警惕欲望彰显干扰静观心境，"塞其兑，闭其门"（《老子》第五十六章）。庄子和惠子辩鱼，体现的就是庄子的静观（直觉）和惠子的理性（逻辑）之别。

其次是行道，老子主张人要以道为法则，而不是彰显人的巧智，"人法地，地法天，天法道，道法自然"（《老子》第二十五章）。即人要尊道而行，"是以万物莫不尊道

---

① 索希奥. 哲学导论：智慧的典范［M］. 王成兵，译. 北京：北京师范大学出版社，2014：27.

② 同上，30。

而贵德"（《老子》第五十一章）。老子主张与道同在，而世俗的世界往往是背道而驰的，所以老子对世俗世界保持着一种警醒，担心人沉沦于世俗而遗忘了与道同在，"我独异于人，而贵食母"（《老子》第二十章）。这体现了老子的特立独行，不沉沦于世俗，而崇尚守道（食母，即守道。道为母，《老子》第二十五章提到：道，"可以为天下母"）。当然老子的超越世俗性，并不意味着老子是离尘世的，老子主张精神上超越，同时服务于社会，"和其光，同其尘"（《老子》第五十六章）。人法道，而道是无为的，所以人也要无为，"道常无为。"（《老子》第三十七章）得道的人——圣人，就是遵循无为行事，"是以圣人处无为之事，行不言之教"（《老子》第二章）。人法道，而道是无名的，所以人也要遵循无名，"道常无名，朴"（《老子》第三十二章）。得道的人——圣人也遵循无名的原则，"是以圣人为而不恃，功成而不处"（《老子》第七十七章），"功成不名有"（《老子》第三十四章），"不自见故明"（《老子》第二十二章）。《庄子·逍遥游》则直接表述为"圣人无名"。

第二节　成为圣人：存在的目的

老子认为，人是不完满的，人应该超越自己，成为完满的人，而完满的人就是圣人，圣人作为得道者（道者）是与道同在的，"道者同于道"（《老子》第二十三章），"是以圣人抱一为天下式"（《老子》第二十二章）。

一、圣人的内涵：得道者

道是完满的，圣人又是通道的人，所以圣人是完满的，圣人是得道的人。在柏拉图的哲学里，本体之理念（idea）是完满的，而现象是不完满的。在《老子》一书中，道和圣人都是高频率词，道一共出现了 80 次左右，圣人一词出现了 30 余次。之所以如此，是因为老子把道作为人的本原，把圣人作为人的存在目的，也就是来于道而成于圣人。圣人与道同在，是得道者，所以老子也把圣人称为道者，比如，"道者同于道"（《老子》第二十三章），"孰能有余以奉天下，唯有道者"（《老子》第七十七章）。《老子》一书共出现道者的提法近 10 次。道、天、地是生而完满的，而人不是生而完满的，人需要成为完满的人——圣人，才能像道、天、地一样完满。完满的人——圣人，在内在的境界上是完满的，在外在的事功上也是完满的，前者是内圣，后者是外王。也就是成为圣人后，圣人不逃离社会，而是担当起社会责任，即圣人治国，"道家同意儒家的说法：理想的国家是有圣人为首的国家。只有圣人能够治国，应该治国"。[①] 这也就是所谓的内圣外王之道（《庄子·天下》首次提到了"内圣外王之道"的表述）。

老子说的王也就是圣人，所以老子表述为"道大，天大，地大，王亦大。域中有四大，而王居其一焉"（《老子》第二十五章）。王（圣人）、道、天、地，都是完满的。《庄子·天下》里也认为圣和王同源，"圣有所生，王有所成，皆原于一。"圣人是完满的人，通道的人。圣有通的意思，《说文解字》说："圣，通也。"王也是通道的人，董仲舒从造字的角度揭示了王字的内涵，《春秋繁露·王道通三第四十四》提到，"古之造文者，三画而连

---

① 冯友兰. 中国哲学简史［M］. 北京：北京大学出版社，2010：86.

其中，谓之王。三画者，天地与人也；而连其中者，通其道也。取天地与人之中以为贯，而参通之，非王者孰能当是？"

儒家也强调内圣外王之道，《大学》一书讲修身、齐家、治国、平天下，其中修身就属于内圣，齐家、治国、平天下属于外王，"儒家道家都讲内圣外王之道"。[①] 老子道家与儒家讲的内圣外王，有其差异。相对来说，老子道家讲的内圣，注重自然（本然）之德；儒家讲的内圣，注重社会之德（如仁义等）。老子道家讲的外王，注重无为之治；儒家讲的外王，更注重有为之治。道家儒家都把圣人作为完满的人，但各自对圣人的理解是有差异的。

二、成为圣人的依据：超凡脱俗

为何要成为圣人？老子做了一个假设，人是不完满的，人要超越自己成为一个理想的人，而这个理想的人与道同在，是通道的人，老子称其为圣人。

俗人和圣人，在老子的学说里就拉开了距离，"俗人

① 许抗生. 当代新道家 [M]. 北京：社会科学文献出版社，2013：51.

昭昭，我独若昏。俗人察察，我独闷闷"。（《老子》第二十章）河上公本《老子》第二十章的标题就是"异俗"（超凡脱俗之义。当然标题应为后人所加）。俗人是要被超越的，圣人是要去实现的。俗人是实然，圣人是应然。俗人和圣人的差异在于，前者有欲，后者弃欲；前者有智，后者弃智。俗人往往是欲望的奴隶，而欲望是危险的，"咎莫大于欲得。"（《老子》第四十六章）圣人超越欲望，"是以圣人欲不欲，不贵难得之货。"（《老子》第六十四章）《庄子·大宗师》也意识到欲望会阻碍人与道的关系，"其嗜欲深者，其天机浅。"俗人执着在巧智里，而智是背离本真人性的，"慧智出，有大伪。"（《老子》第十八章）圣人是超越巧智的，"绝圣弃智"。（《老子》第十九章）执着于欲望和巧智，都是一种执迷不悟，"人之迷，其日固久"（《老子》第五十八章），"虽智大迷"（《老子》第二十七章），"执者失之"（《老子》第六十四章）。而圣人是要摆脱执迷通向觉悟的，"无执故无失"（《老子》第六十四章）；"道者同于道"（《老子》第二十三章）。所以老子本人走的是超越俗人的路，也感慨特立独行的孤独情怀，"我独异于人（《老子》第二十章），"知我者希，则我者贵"（《老子》第七十章），"众人熙熙，如享太牢，如春登台。我独泊兮其未兆，如婴儿之未孩；乘乘兮，若无所归。众人皆有余，而我独若遗"（《老子》第二十章）。

三、成为圣人的途径：人法道

老子对如何成为圣人，也有详尽的论述。成为圣人的路径，最集中的表述就是"人法地，地法天，天法道，道法自然"一句。"人法地、地法天、天法道、道法自然"，实际应为"人法地、法天、法道、法自然"。老子把"人法地、法天、法道、法自然"表述为"人法地、地法天、天法道、道法自然"，这种表达的转换是语音节奏效果的需要，用前半句的尾字接续后半句的首字，造成类似成语接龙的效果。例如，"吾强为之名曰大、大曰逝、逝曰远、远曰反"，实际应为"吾强为之名曰大、曰逝、曰远、曰反"，也是修辞的运用，是以为证。"人法地、法天、法道、法自然"也就是人要以天地、道、自然为法则，与天地、道、自然同在，这也是"天人合一"的理念。人法天地，是要法天地的虚静和复归。天地是虚静的，"天地之间，其犹橐籥乎？虚而不屈，动而愈出"（《老子》第五章）；"致虚极，守静笃"（《老子》第十六章）。天地是复归的，"万物并作，吾以观复。夫物芸芸，各复归其根。"（《老子》第十六章）人法道，是要法道的对反和柔弱。道是对反的，"反者，道之动"（《老子》第四十章），"万物负阴而抱阳"（《老子》第四十二章），"有无相生"（《老子》第二章）。道是柔弱的，"弱者道之用"（《老子》第四十章）；"柔弱胜刚强"（《老子》第三十六章）。人法自然，是人要法本然状态、自身的本然，人的本然状态是人的原初性，犹如出生的婴儿无知无欲，"含德之厚，比于赤子。"（《老子》第五十五章）

成为圣人还只是内在的境界（内圣），圣人还需要有社会责任（外王），有天下为公的觉悟，"知常容，容乃公，公乃王。"（《老子》第十六章）老子认为的圣人，是积极参与社会秩序建设的，而不是隐居于深山的修道士。老子的理想是要在尘世里实现"和其光，同其尘。"（《老子》第五十六章）圣人治国的理念最集中的表述就是"故圣人云：我无为而民自化，我好静而民自正，我无事而民自富，我无欲而民自朴"一句。（《老子》第五十七章）圣人治国有四大方面的原则：无为、好静、无事、无欲。无为，就是不强制，不发动权力意志而对民构成侵害，"圣人无常心，以百姓心为心"（《老子》第四十九章）；好静，就是不妄动，不运作权谋和战争，"以道佐人主者，不以兵强天下"（《老子》第三十章）；无事，就是不扰民、不折腾，相安无事，"取天下常以无事，及其有事，不足以取天下"（《老子》第四十八章）；无欲，就是不彰显物欲和名欲，处于清静的状态，"见素抱朴，少私寡欲"（《老子》第十九章）。成为圣人之内圣，圣人治国之外王即为内圣外王之道。如果说老子的内圣思想（成为圣人）是一种天人关系，主张天人合一，老子的外王思想（圣人治国）则是一种圣民关系，主张圣民合一。

第三节　素朴：存在的价值

我们提到老子思想，都会联想到自然和无为两大观念。自然的观念在《老子》里也占有很重的分量，书中多处直接提到自然一词，例如，"人法地，地法天，天法道，道法自然"（《老子》第二十五章），"悠兮其贵言，功成事遂，百姓皆谓我自然"（《老子》第十七章），"希言自然"（《老子》第二十三章），"道之尊，德之贵，夫莫之命而常自然"（《老子》第五十一章），"以辅万物之自然，而不敢为"（《老子》第六十四章）。自然不是指天地万物之大自然，而是指本然，亦即本来的状态。在自然与文化之间，老子把自然放到根本性的支配地位，而防止文化背离自然而导致对人的异化，"夫礼者，忠信之薄，而乱之首"（《老子》第三十八章）。许抗生提到，"老子提出了对治和克服中华礼义文明危机的思想。"[①] 自然作为本然，亦即本来的状态，那人之本然到底是什么呢？这就是老子的价值树立，老子认为人之本然就是人要素朴，素朴就成了老子主张的核心价值。

一、素朴的内涵：本真

在《老子》中多处提及了素朴的观念，"见素抱朴，

---

① 许抗生. 当代新道家 [M]. 北京：社会科学文献出版社，2013：24.

少私寡欲"(《老子》第十九章)，"敦兮其若朴"(《老子》第十五章)，"复归于朴"(《老子》第二十八章)，"朴散则为器"(《老子》第二十八章)，"镇之以无名之朴"(《老子》第三十七章)，"我无欲而民自朴"(《老子》第五十七章)。素朴就是本真，老子用初生婴儿的非人为状态来描述素朴之本真，"含德之厚，比于赤子"(《老子》第五十五章)，当然这只是一个比喻，而不是等同。

素朴价值在老子思想中的根本性地位，老子后学也是有所注意的。《文子·道原》明确把素朴作为道之主干，"纯粹素朴者，道之干也"①；《庄子·马蹄》把素朴当作人的应有之性，"朴素而民性得矣"；王弼认为得道就是守朴，在注《老子》第三十二章时提到"故将得道，莫若守朴"，王弼《老子指略辑佚》同时认识到素朴之治对于社会的决定性作用，"镇之以素朴，则无为而自正……素朴可抱，而圣智可弃。"(20世纪贺荣一也提到，老子的治理方式是朴治主义，其书《老子之朴治主义》提到"由于这种学说的主张'以质朴无文的自然方式治民'，所以可

---

① 王利器. 文子疏义 [M]. 北京：中华书局，2000：14.

以命之曰'朴治主义'。"①）在出土的楚简本《老子》里，素朴也仍然是《老子》的主要观念。郭沂认为，楚简本《老子》"所追求的目标是守道归朴"②。

二、素朴价值的依据：道朴

素朴作为价值，有其本原论的支持，那就是老子认为人之所以要素朴，是因为道是素朴的，"道常无名，朴"（《老子》第三十二章）。"道是素朴的"③，道是人的本原，人要法道，因而人要追求素朴，这就是老子从本原论到价值论的推演。

在人性论上，老子既不是主张人性本善，也不是主张人性本恶，而认为人性无善无恶，即人性本朴。当人们能进行善的判断时，是社会之人已经背离本来人性而出现了恶的缘故，也就是善并非人性本善，而是因为有了恶才得

---

① 熊铁基，刘韶军，刘筱红，吴琦，刘固盛．二十世纪中国老学[M]．福州：福建人民出版社，1996：391．

② 郭沂．郭店竹简与先秦学术思想[M]．上海：上海教育出版社，2001：50．

③ 许抗生．当代新道家[M]．北京：社会科学文献出版社，2013：34．

以呈现的，"皆知善之为善，斯不善已"（《老子》第二章）。具有仁义意义的善的观念，是失去大道后的状态，"大道废，有仁义"（《老子》第十八章），"故失道而后德，失德而后仁，失仁而后义，失义而后礼。"（《老子》第三十八章）也就是老子认为人的原初人性是先天自足的，是向内守，而不是向外求的。由于老子认为人性无善无恶，因而也就不推崇仁义，而是要超越仁义，"圣人不仁"（《老子》第五章），"绝仁弃义"（《老子》第十九章）。在老子看来，素朴就是高于仁义之善的，终极价值不是在仁义之善里，而是在素朴里，人要超越仁义而"复归于朴"（《老子》第二十八章）。

老子主张素朴，还源于老子看到了素朴之反面——巧伪所带来的负面效果，因而要丢弃巧伪，回到素朴，"绝伪弃虑"（《郭店老子甲本》）。"'道'为本然生命，违背了这一生命原则，生命必将损害自身。"[①]《淮南子·精神》也主张离伪得朴，"弃聪明而返太素"[②]。（老子的无为，也

---

① 刘小枫．拯救与逍遥（修订本）[M]．上海：华东师范大学出版社，2011：202．

② 顾迁译注．淮南子 [M]．北京：中华书局，2009：121．

可以理解为无伪，王弼在注《老子》第二章时提到"为则伪也"）。巧伪产生的根源是巧智，"慧智出，有大伪"（《老子》第十八章）。所以老子对巧智是充满警惕的，"使夫智者不敢为也"（《老子》第三章），"虽智大迷"（《老子》第二十七章），"以智治国，国之贼"（《老子》第六十五章）。老子鲜明地主张"绝圣弃智"（《老子》第十九章），复归素朴。在老子看来，道是根本的，道是高于智的，而素朴是合乎道的。

老子的素朴思想有其独特的美学价值。可以把老子的素朴美学叫做赤子美学，赤子美学推崇素朴至真的人性。老子赤子美学的直接原文依据是"含德之厚，比于赤子"（《老子》第五十五章），当然这只是一个比喻，而不是等同。老子的赤子美学推崇返璞归真的原初人性，对后世中华美学产生了重要影响，《孟子·离娄下》也重视赤子之心，"大人者，不失其赤子之心者也。"[①] 李贽也推崇童真说。"中国诗学认为只有我的自然心灵或真我才是文学的真正本源。一旦本心异化，'童心既障，而以外入者闻见

[①]　万丽华，蓝旭（译注）. 孟子［M］. 北京：中华书局，2006：175.

道理为心'（李贽），心灵便不复是'我的'而成为了'他的'。"①

三、素朴价值的实现途径：守道

如何做到素朴，最根本的就是要守道，因为道是素朴的，这又决定了要超越仁义之善和巧伪之智。另外，素朴是本真人性，而本真又是有别于本能的。海德格尔认为"此在的生存——操心"②，因而要"领会一种本真的能自身的存在"。③老子要超越本能，而本能就是人之欲，欲的常态表现就是物欲，沉沦于欲也就是沉沦于本能，也就远离了素朴，"五色令人目盲，五音令人耳聋，五味令人口爽，驰骋畋猎令人心发狂，难得之货令人行妨"（《老子》第十二章）。五色、五音、五味，都是感官刺激，这些都会阻碍人对道的体验，《庄子·大宗师》云"其嗜欲深者，其天机浅。"而难得之祸，反而限制了行动的自由，

---

① 饶芃子. 比较文学与海外华文文学［M］. 上海：复旦大学出版社，2011：113.

② 海德格尔. 形而上学导论［M］. 熊伟，王庆节，译. 北京：商务印书馆，1996：221.

③ 同上，307。

"金玉满堂，莫之能守"（《老子》第九章），"难得之货令人行妨"（《老子》）第十二章），"多藏必厚亡"（《老子》第四十四章），"圣人欲不欲，不贵难得之货"（《老子》第六十四章）。能够超越欲望的人是圣人，圣人越本能而任本真。

圣人不仅指个人的精神境界，还指社会责任担当——治国，老子认为圣人限制了欲望，民才会保持素朴，"我无欲而民自朴"（《老子》第五十七章），"见素抱朴，少私寡欲"（《老子》第十九章）。老子构建的"小国寡民"的理想社会，也是把人心的素朴作为终极考量，"使人复结绳而用之"，"甘其食，美其服，安其居，乐其俗"（《老子》第八十一章），这是一种自化、自正、自富、自朴的富有自发秩序色彩的素朴社会，"我无为而民自化，我好静而民自正，我无事而民自富，我无欲而民自朴"（《老子》第五十七章）。可以看出，老子认为社会是素朴还是巧伪，取决于执政者的引领示范作用。素朴的人生即朴心，素朴的社会即朴治，从朴心到朴治也是内圣外王之道。

老子还区分出了内在与外在，身（生命）是内在的，名（地位）和货（财富）是外在的。做到身（生命）为本，名（地位）和货（财富）为末，也是守护素朴的一大途径，"名与身孰亲？身与货孰多？得与亡孰病？"（《老子》第四十四章）。素朴是向内守的，而名利是向外求的。要做到素朴，需要坚持三原则，也就是老子总结的三宝：慈、俭、后，"我有三宝，持而保之。一曰慈，二曰俭，三曰不敢为天下先"（《老子》第六十七章）。慈是宽容，俭是简约，不敢为天下先是后己（公心）。老子还提炼出"三去""四不"来进一步阐述，"是以圣人去甚，去奢，去泰"（《老子》第二十九章），"不自见故明，不自是故彰，不自伐故有功，不自矜故长"（《老子》第二十二章）。

第四节　虚静：存在的状态

　　突出虚静是老子道家文化的一大特色，学界也有道家主静、儒家主敬、佛家主净的说法。《老子》一书中，直接提到静的原文达到 11 次。《晋书》卷三十五《裴頠传》里，崇有论推崇者裴頠把静作为老子的主要思想："老子既著五千之文，表撅秽杂之弊，甄举静一之义"。许抗生对裴頠的这一思想解读为："老聃（老子）是为了反对烦杂的毛病才提出守静抱一（静一）的思想的"[①]。后世的道家也受到了老子这一思想的影响，比如《文子》提到"静而法天地"。

一、虚静的内涵："归根曰静"

在老子思想里，虽然关于静的论述是散见于各章的，但这并不能否认老子本人对静有系统性的思考。老子对静的内涵的理解，就是一个完整的论述。什么是静？老子认为，"归根曰静"（《老子》第十七章）。而归根，就是归于道，道是根本。也就是老子把归于道、与道同在作为静的坐标。那么归根之静的具体表现又是不欲，不彰显欲望，欲望的彰显是对静的打破，"不欲以静"（《老子》第三十七章），"见素抱朴，少私寡欲"（《老子》第十九章）。叔本华把摆脱意志的静观作为纯粹的智慧，"每个专心于纯粹客观地静观世界的人（并且这就是观念的知

––––––––––

[①]　许抗生. 儒家思想的过去、现在和未来［M］. 北京：中华书局，2015：139.

识的意义），完全看不到他的与其目标，并且不再关怀他自己本人的利益，而变成为一个不掺和任何意志的纯粹的智慧。"① 克罗齐则把犹如婴儿的虚静作为直觉的心灵，"婴儿难辨真与伪，历史和寓言，这些对于他都无分别。这事实可以使我们约略明白直觉的纯朴心境"。② 张少康认为虚静理念还是老子对文艺和美学的两大贡献之一，"老子对文艺和美学的主要贡献有二：一是对'象'的论述；二是对'虚静'的认识。"③

如果执政者坚守不欲之静，还能达到天下安定的效果，"不欲以静，天下将自定"（《老子》第三十七章）；"我好静而民自正"（《老子》第五十七章）。老子认为静下来，欲望消减了，自然也就体验道了，"故常无欲，以观其妙"（《老子》第一章）。静穆的生命状态，是老子所推崇的境界，"致虚极、守静笃"（《老子》第十六章）。老子把守护

---

① 叔本华．叔本华论说文集［M］．范进，柯锦华，秦典华，孟庆时，译．北京：商务印书馆，1999：684．

② 克罗齐．美学原理［M］．朱光潜，译．北京：商务印书馆，2008：4．

③ 张少康．中国文学理论批评史教程修订版［M］．北京：北京大学出版社，2011：27．

虚静的人，作为得道的人——道者，"孰能浊以静者将徐清……保此道者，不欲盈"（《老子》第十五章）。道者也就是圣人，圣人是合道的，老子崇尚圣人，而出土的黄老帛书里提到"至静者圣"。

二、虚静的依据："静为躁君"

为何老子要主张静的意义，这与老子对静的功用，以及违背静的后果之理论假设有关。老子认为静可以克服躁，"静为躁君……躁则失君"（《老子》第二十六章）。违背静，则躁动，则使气，在老子看来都是不符合道的，是不长久的，"心使气曰强。物壮则老，谓之不道，不道早已"（《老子》第五十五章）。老子还把虚静作为体道的路径，"故常无欲，以观其妙"（《老子》第一章）。警惕欲望彰显而干扰静观心境，"塞其兑，闭其门"（《老子》第五十六章）。庄子和惠子辩鱼，体现的就是庄子的直觉和惠子的思辨之别。

老子还把静推向治国维度，那就是执政者如果守静，则是合道的优化的治理。"老子谈静，特别着重在政

治上立论"①。静表现为无事，而不是折腾、扰民，而这
是取得天下人心的路径，"以无事取天下……我无事，而
民自富"（《老子》第五十七章）。老子推崇无事安民，是
一种自发自治秩序的倡导，这种不扰民的思想一般认为
对后世的政治思想与政治治理都产生了影响，"老子这
主静无为之论……进而启发了后代政治上避免扰民的观
点。"②老子不主张强为，即不主张通过强力实现天下太
平，而是主张执政者不发动欲望，守静达到天下自动安
定，"不欲以静，天下将自定"（《老子》第三十七章）。
当然有的人会质疑这样一种方案，认为这可能是理想主
义。但我们从老子的这些思路里，能看到老子首先把社
会是否合道的根源归结为执政者，同时主张执政者限制
欲望与权力，不对民构成伤害，这些理念都是进步的理
念，是民本的理念，是值得肯定的。因为老子反对对民
的侵害，因而也反对战争，不主张霸道，"不以兵强于
天下"（《老子》第三十章），这是一种和平理念。老子

---

① 陈鼓应.中国哲学创始者：老子新论［M］.北京：中华书局，
2015：159.

② 同上，172。

在治国方面推崇虚静，还因为他认为刚毅是不可长久的，是违背道的，"强梁者不得其死"（《老子》第四十二章）。所以老子推崇柔弱的虚静之道，"弱者，道之用"（《老子》第四十章），"柔弱胜刚强"（《老子》第三十六章）。

三、形成虚静状态的途径："不欲以静"

如何做到静？上文也提到过，那就是不发端欲望，"不欲以静"（《老子》第三十七章），"无欲和清静是密切相关的"[①]。老子进一步认为做到了无执就做到了静，无执，不被欲望牵制就不会有过失，"执者失之……无执，故无失"（《老子》第二十九章）。老子是从三大方面来讲无执的，分别是：不执于生命意志，不执于权力意志，不执于虚妄价值。

不执于生命意志，是指不执于生命的永恒。老子并不追求长生不老，长生不老是一种生命意志，是一种执，所以老子把死作为生命的终结，"出生入死"（《老子》第

---

① 陈鼓应. 中国哲学创始者：老子新论［M］. 北京：中华书局，2015：159.

五十章）。尽管老子有贵生的思想，贵生仅仅是顺自然，不人为去抹杀生命本有的原生状态，但这并不意味着老子肯定生命意志。后学从老子学说发展出养生学说，但养生学说并不意味着永恒崇拜，最终还是承认死亡为终结（无彼岸）的事实。《庄子·大宗师》受到老子影响，也不执于生命意志，认为死亡是一种生命安息，是生命的自然而然的部分，而不是消极的部分，"夫大块载我以形，劳我以生，佚我以老，息我以死"。（《庄子·大宗师》还说："古之真人，不知说生，不知恶死"，既不喜生也不厌死，是对生命意志的超越）。顺生死就成为老庄哲学的一个重要的生命观。

不执于权力意志，那就是反对用权力去干预他人，老子讲无为、无事、好静、无欲，都是在消解权力，消解权力从而让民自主，"故圣人云：'我无为，而民自化；我好静，而民自正；我无事，而民自富；我无欲，而民自朴'"（《老子》第五十七章）。不执于权力意志，在公共领域就是一种无私的精神、公正的精神，"是以圣人后其身而身先，外其身而身存。非以其无私邪？故能成其私。"（《老子》第七章）在国与国之间，老子反对权力意志行霸道，而是主张处下之静，"大国者下流。天下之交。天下之牝，牝常以静胜牡，以静为下"（《老子》第六十一章）。也就是一种公天下的精神，老子把公作为王者风范的一个标志，"公乃王"（《老子》第十六章）。

不执于虚妄价值，主要是反对儒家的虚妄价值，"大道废，有仁义"（《老子》第十八章），"绝仁弃义"（《老子》第十九章），"故失道而后德，失德而后仁，失仁而后义，失义而后礼。夫礼者，忠信之薄而乱之首"（《老子》第三十八章）；反对儒家分出贵贱，所以老子解构了儒家贵贱观，"故贵以贱为本，高以下为基"（《老子》第三十九章），"不可得而贵，不可得而贱，故为天下贵"（《老子》第五十六章）。庄子受到老子的影响，对超越虚妄价值做了更进一步的方法论推进，提出"齐物论"。在庄子的思想世界里，多处对孔子及儒家的价值观进行解构和讽刺。

本 章 小 结

老子认为生命的意义在于向内守——向内完满，体现为道与生命是内在的。生命的意义涉及存在的根基、存在的目的、存在的价值、存在的状态。从存在的根基维度来看，老子认为存在的根基是与道同在；从存在的目的维度来看，老子认为存在的目的是成为圣人；从存在的价值维度来看，老子认为存在的价值在于素朴；从存在的状态维度来看，老子认为存在的状态在于虚静。

老子把道作为本原，道先于天地而生，而道无形无象，这说明老子已经具有形而上学思维，其思想视野超越了经验世界，构建了一个本体世界。老子把圣人作为存在的目的，构建了理想化人格，也就是超越了实然，进入了应然的世界。老子把素朴作为存在的价值，是道家自然主义的核心要旨，把返回先天（"复归于婴儿"）作为价值原点。老子把虚静作为得道的生命状态，在生命哲学上是区分于其他哲学的显著性标志（道家主静，儒家主敬，佛家主净，西学主竞）。

下　编

楚简本《老子》的思想特质

情意之道

　　学界通常把老子之道理解为无情感、无意志的道，造成难以整体自洽打通全文，而《老子》文本里多处原文涉及超越性的意志存在。道并非无生命的死道。作为情意性存在的道，具有情感性与意志性。楚简本《老子》里，作者用"悦"（"敓"）规定道，具有喜悦之情感性，可以理解为喜神（老子还用"谷神不死"言道，道是一种神性存在）；通行本《老子》里的"以慈卫之"也是道的情感性，用"道亦乐得之"来论述情感性的人道关系；通行本《老子》的"天将救之""治人事天""有罪以免""天网恢恢、疏而不失""天道无亲，常与善人"等系统体现了天道的意志性，可以解读为天道的救赎性与终极价值性。道有情意性，同时又不干预人的主体性，"衣养万物而不为主""夫莫之命而常自然""生而不有，为而不恃，长而不宰"，这具有人文主义色彩。

老学研究者通常把道作为无情感、无意志的存在。胡适认为，"道的作用，并不是有意志的作用"[①]；张岱年认为，"道生万物，为万物之宗，然非如有上帝之以意主宰一切，以力统治一切"[②]；陈鼓应认为，"'道法自然'的观念，否定了超自然意志的支配，具有无神论的性质"[③]；许抗生认为，"'道'是无欲无名无有意志的自然存在物"[④]；刘笑敢认为，"道是无意志、无目的、无情感的"[⑤]。这些学者都把道作为一种非生命存在，有学者对此进行了反思，认为道是一种活泼的生命，"道并非一死的本体、实体"[⑥]，提出老子的道论是"生命本体论"[⑦]。这位学者在讲"生命本体论"时，重点强调了道作为生命本体，"首先呈

---

① 胡适. 中国古代哲学史［M］. 上海：上海古籍出版社，2013：37.

② 张岱年. 中国哲学大纲［M］. 北京：昆仑出版社，2010：24.

③ 陈鼓应. 老庄新论［M］. 北京：商务印书馆，2008：46.

④ 许抗生. 当代新道家［M］. 北京：社会科学文献出版社，2013：51.

⑤ 刘笑敢. 老子古今［M］. 北京：中国社会科学出版社，2006：152.

⑥ 鲁庆中. 道：在"有"的向度上［J］. 中州学刊，2006（3）：164.

⑦ 同上。

现为一流动的物的生成过程"①。万物由道所生，"道生一、一生二、二生三、三生万物"（《老子》第四十二章，后文引《老子》只标注章节）。虽然注意到道不是死的本体，而是生命本体，但还没有突出道的情感性与意志性。通俗地说，注意到了道具有像植物一样的生命力，还没有注意到道作为神性存在，是一种智慧生命。其他泛泛地谈老子生命本体的文章也不少，但如果不明确其生命本体具有情感性与意志性，则生命本体仅仅是对人之外的局部生命的抽象化，这既脱离《老子》文本，也不能回应人的情感、意志从何而来，在本体论上是不究竟的。道如果没有情感和意志，就生不出具有情感和意志的人来。

郭沫若注意到，《老子》并非如一些学者说的完全的唯物主义或无神论，而是对"天或鬼神仍是肯定的"②。成祖明在谈到老子思想时，认为老子"并不否认情志化的天

---

① 鲁庆中. 道：在"有"的向度上 [J]. 中州学刊，2006（3）：164.

② 郭沫若. 郭沫若全集·历史编（第1卷）[M]. 北京：人民出版社，1982：353.

与上帝的存在"①。情志化概念很好地概括了天与上帝的特征。而笔者具体使用"情意性"概念来统摄老子之道的情感性与意志性。在老子思想里，不仅天与上帝具有情意性，本原之道也具有情意性，即道具有情感性与意志性。道作为生命本体，是具有情意性的神性生命本体。

第一节　道"悦"：道的情感性

追求幸福快乐是普遍性的精神诉求。人们在节日用得最多的祝福语就是"祝你快乐"。《圣经·新约》把喜乐作为灵性生命状态，而佛经把"离苦得乐"作为解脱归宿。所见最早的《老子》文本——战国时期的楚简本《老子》甲本，用"悦"规定道。这是一个非常特殊且重要的文献信息，"悦"作为道的主要特征，指明道具有情感性。蒙培元在研究情感儒学时也提出"'悦'是

---

① 成祖明. 帝国创生与董仲舒的皇权本体公共性建构 [J]. 哲学研究，2012（1）：50.

情感"。①

楚简本《老子》甲本："有庄昆成，先天地生。悦穆，
独立不改，可以为天下母。未知其名，字之曰道。吾强为之
名曰大、大曰逝、逝曰远、远曰反，天大，地大，道大，王
亦大。域中有四大焉，王居一焉。人法地、地法天、天法
道、道法自然。"

通行本"寂兮寥兮"在楚简本里作"悦穆"。首先要
说明一下的是，并非只能通过楚简本异文才能确立道的情
感性，通行本"寂兮寥兮"之"寂寥"其实也是把道当作
情感性存在，"寂寥"即寂寞、孤独之意，傅奕本直接作
"寂兮寞兮"。不同的是，通行本的情感是一种消极情感：
寂寞；而楚简本情感是一种积极情感：喜悦之情，楚简的
"悦"作为情感性更加明确。"悦"楚简原文是"敓"，"敓"
的本意是一种祭祀活动，有学者考据："'敓'的基本含义
是以强力、强取方式达成己愿，其主要方法是以动作击、
打，或以言辞责让。'敓'的根本功用是去疾、逐疫、禁

① 蒙培元. 心灵超越与境界 [M]. 北京：人民出版社，1998：
35.

祟、禳灾等。"①《说文》："敚，强取也。""敚"是人从事
"敚"祭，当用"敚"直接规定道时，即道本身具有"去
疾、逐疫、禁祟、禳灾等"的庇护能力，犹如通行本中所
言的"道者，万物之奥也"（第六十二章），道是万物的庇
护所，在王弼注里奥为"庇荫之辞"。道作为人的庇护所，
"去疾、逐疫、禁祟、禳灾等"。一方面体现道的情感性，
具有大爱之德；另一方面体现道的意志性，具有镇邪的向
善意志。圣人无为而治，如有作乱者，圣人以道镇之，也
说明道具有镇恶能力，"道常无为，而无不为。侯王若能
守之，万物将自化。化而欲作，吾将镇之以无名之朴"（第
三十七章）。"镇之以无名之朴"即镇之以道，"无名之朴"
即道，"道常无名，朴"（第三十二章）。

　　楚简本原文作"敚穆"，《文子》里直接就有"悦穆
心中"的原文（而且也是规定道）："夫道者……静漠恬
恢，悦穆胸中"（《文子·精诚篇》），因而"敚穆"即"悦
穆"，"悦穆胸中"中的"胸中"也进一步确认了道"悦"
的情感性。郭店楚简《缁衣》里，"敚"也是"悦"："则

---

　　① 罗新慧.战国竹简中的"敚"及其信仰观念 [J]. 北京师范大
学（社会科学版），2011（2）：85.

民至行己以敓（悦）上"。"敓"即"悦"还有文字学依据，"'敓'为形声字，本意为'抢夺'，与'悦'为同一声符，上古音同属月部，表'喜悦'为假借义，记录词位'悦'为其借用职能"①，"敓"即"悦"有"喜悦"之意。"'兑''说''悦''敓'为记录同一词位'悦'的古今字"②，"悦"同"说"，《论语·学而篇》里有"学而时习之，不亦说乎；有朋自远方来，不亦乐乎"，这里的"说"即"悦"，表示"喜悦"之意，并与后文的"乐"同义。《论语·子路篇》里有"近者说（悦），远者来"，这里的"说"（"悦"）也是"喜悦"之意。喜悦与快乐同义，《尔雅·释诂》："悦，乐也。（音乐的乐和快乐的乐也同义）""《说文》无'悦'字，而有'说'字。'说，释也。从言、兑。一曰谈说。段氏认为'说'即'悦'，'释'即'怿'，它们是古今字关系。'说释者，开解之意，故为喜悦'"③，"喜、悦、乐在《说文》中互为训释，是一组同

---

① 牛慧芳.古今字"兑""说""悦""敓"历时考察［J］.汉字汉语研究，2018（3）：82.

② 同上。

③ 覃觅.《说文》表"喜""悦""乐"义之字（词）分析研究［J］.百色学院学报，2008（5）：122.

义字族"①。这些可靠文献考据显示，"敚"即"悦"，"悦"即"乐"，表示喜悦、快乐之意。道"悦"，即道是喜悦的、快乐的，是富有情感性的喜神。道是一种神灵，如"谷神不死"也是指称道，后文还会进一步谈到。

"致虚极，守静笃"在汉帛本里作"致虚，极也；守情，表也"，直接用"虚"和"情"定义道，也说明道具有情感性。《庄子·大宗师》里直接用"情"表述道，"夫大道有情有信"。这里的情也可以作情感之义。先秦文献里情经常可以作情感，如《礼记·礼运》中有"何谓人情？喜怒哀惧爱恶欲。七者弗学而能"；《荀子·乐论》里有"夫乐者，乐也，人情之所必不免也"。

道作为本原，人法道而人也应追求喜乐（喜悦、快乐）。詹石窗提出了"大道快乐说"②，具体谈到大道修行的自我快乐、群体快乐、自然快乐。叔本华在《自然界中的意志》一书中，把老子的道理解为"道，即路径，也就是通向福祉，即通向摆脱世界及其痛苦的路

———

① 覃觅.《说文》表"喜""悦""乐"义之字（词）分析研究［J］.百色学院学报，2008（5）：120.

② 詹石窗.大道论［M］.北京：宗教文化出版社，1996：221.

径"①。作为悲观主义代表人物，把世界理解为痛苦，但还是承认了老子之道是"通向福祉""摆脱世界及其痛苦的路径"，承认了老子之道的喜乐与希望。老子用"悦穆"规定道，"悦"是喜悦、快乐，"穆"也有"悦"（喜悦）的含义，进一步证明道就有情感性。《康熙字典》记载："穆，又悦也。《管子·君臣篇》：穆君之色。"

道"先天地生"，说明道比天地更本原。道是造物主，严格说是"生"物主，通行本有"道生一、一生二、二生三、三生万物"（第四十二章）的生成论表述，道是整个世界的母亲，生出了万物，"可以为天下母"，这里的"母"未必作为一种比喻，老子并没有说是比喻，我们可以直接理解为道就是世界的母亲。道作为世界的母亲，能生出万物（包括人），即道与人是母子关系，这也体现出道的情感性。从逻辑上，人有情感性、意志性，人由道所生，其实道也必然有情感性和意志性。通行本"有物混成"的"混"在楚简本里作"昆"，原文作"蟲"。《说

① 叔本华.自然界中的意志［M］.任立，刘林，译.北京：商务印书馆，1997：137.

文》："蚰，蟲之总名也。读若昆。"即"蟲"可以写作"蚰"，而"蚰"可以作"昆"，汉帛本就是"有物昆成"。《说文》："昆，同也。"道作为"昆"，与人有内在同质性，所以通行本又说"道者同于道"（第二十三章），这里的"道者"指得道的人，得道的人与道同在。

通行本进一步明确了道与人是母子关系，人/子如能复守道/母则不会有危险，"天下有始，以为天下母。既得其母，以知其子，既知其子，复守其母，没身不殆"（第五十二章）；通行本里还有"贵食母"，也体现出道与人的情感亲密关系，也就是人要不断地在道/母那里汲取精神性营养。通行本7次出现"母"的原文，在老子看来道是人类的母亲。《圣经》把上帝当作天父，老子则把道作为道母（道"可以为天下母"）。《吕氏春秋》认为"老聃贵柔"，深得老子义理，老子道学是母性文化，贵柔守雌，具有温柔、庇护的情感性，老子本人是生命主义者，不主张为价值观殉道。《圣经》是父性文化，有刚毅的一面，有人认为耶稣是柔性形象，但要注意耶稣是殉道者，因挑战政府意识形态与犹太人教义而殉道。《圣经》把上帝作为天父，建立了情感关系；而《老子》是把道作为母亲，试图建立一种道母·人子之亲密关系。人与道是一种主体间性关系，而不是主客关系。

　　道作为喜神，是人类的母亲，人如果能随时复归道母，道母也乐于拥抱，"同于道者，道亦乐得之"（第二十三章）。道是喜悦的、快乐的，人法道而过一种喜悦、快乐的生活，通行本里就提到"……乐其俗"（第八十章）作为"小国寡民"构想，主要是为了克服文明异化，构想一个没有相互伤害的朴民喜乐社会。《论语·子路篇》有"近者说（悦），远者来"的社会理想，与周边民族是其乐融融的和谐交往关系；《易传·彖传》有"文明以说（悦）"的社会理想，也是把喜悦作为文明的归宿点。

　　通行本的"有物混成"在楚简本作"有庄昆成"。"物"虽然可以作为抽象之物，但很容易误解为具象的物质，有的通过"有物混成，先天地生"而误解读出唯物主义。"有物混成"的"物"完全可以作为非物质的物。楚简本的出土，更是确认了"物"不是物质。"物"在楚简本里作"庄"，原文为（刅首），大都释为"状"，释为"状"是受到裘锡圭的影响，而裘锡圭仅仅说"读若状"。（刅首）正确的释文应是"庄"，这有文献内证，在郭店楚简《五行》里，（丬首）即"庄"："远而（丬首）之，敬也"，这里得"（丬首）"为"庄"。孔子也把庄和敬做了内在关联，"临之以庄，则敬"（《论语·为政》）。"庄，敬也"，敬是一种情感，说明庄也有情感性。道不是"物"，而是"庄"，具体规定了道的庄严感，这也是道的情感性。老子还说"万物莫不尊道而贵德"，这里的"尊道"也体现道的庄严，人对道有敬畏情感。

老子用非常精炼的语言概括了什么是道："有庄昆成，先天地生。悦穆，独立不改，可以为天下母。未知其名，字之曰道。"这几句可以作为道的"定义"。楚简本《老子》甲本有五组竹简，整理小组整理的顺序只是临时顺序，李零根据分篇分章符号以及思想义理重新进行了顺序调整，调整后，"有庄昆成"章作为首章[①]。先对本原之道进行"定义"，再论述别的内容，思想秩序更合理。老子简洁地交代了什么是道："庄"论述道的庄严性；"昆"论述道与人的内在同质性；"先天地生"是论述道的本原性（道是"生"物主）；"悦穆"论述道的喜乐性；"独立

[①]　李零. 郭店楚简校读记 [M]. 北京：中国人民大学出版社，2007：3-4.

不改"论述道的自足性（道无须依赖他者而存在）；"可以为天下母"论述道作为人类母亲的角色，道母与人子是亲子关系。"未知其名，字之曰道"论述人子不能僭越道母，名是父母给孩子取的，而不是孩子给母亲取的，所以不知道她的名，只能取一个字作"道"。通行本还有"自古及今，其名不去，以阅众甫"（第二十一章）的原文，论道作为母亲从古到今伴随着人类。道作为母亲，不是一种比喻。道作为人类之母，人是可以去信验的，道绝不是死物或抽象的概念，通行本论述道时还有原文"其中有信"，王弼把信注为"信验"，深得其义。通行本里还有原文"求以得"（第六十二章），也体现道对人的信验。老子的"信"有信仰色彩，需要人对道母的虔信，通过信仰道而认识道、亲近道，而得到道的庇护。陈霞也有专文《论道家之"道"的信仰特色》，注意到"'道'作为终极信仰……《老子》对'道'的描述也蕴含着信仰"[1]，"老

---

[1] 陈霞. 论道家之"道"的信仰特色 [J]. 哲学研究，2017 (9)：29.

子还具体描述了敬畏这个对象（道）的心理状态"[1]。道"悦"作为喜神，人信仰喜乐之道，还有利于克制现代人的焦虑、紧张等心灵困境，具有心灵治愈功能。

第二节 道"救"：道的意志性

道不仅有情感性，还有意志性，构成道的完整情意性。如本章开头所说，今人常常把老子之道解读为无情感、无意志的存在。其实这也与今人的视觉有关，有的是受到唯物主义／无神论思潮的影响。

道作为终极存在，具有情意性，即道作为神性存在。今人普遍忽视道的神性，是对原文一些重要信息的遮蔽。少数学者关注到道的神性，据宫哲兵等考据，道的神性意义长期被忽视，撰有专文《道：祭道路神——古"道"字长期被忽略的一个含义》，该文通过对《诗经》《左传》《礼

---

① 陈霞. 论道家之"道"的信仰特色［J］. 哲学研究，2017（9）：30.

记》等文献翔实考据，注意到道可以作为"道路神"，道作为神灵即道有神性①。老子之道作为本原意义的终极之道，当然对传统的道路神有所转化，不再是通常理解的那个具象"道路"的道路神，而是道作为生命存在根据的道路神，是回应"我从哪里来"的哲学之路的道路神。通行本《老子》里有原文"谷神不死"（第六章），也是把道看作神性存在。陈荣捷讲过谷神作为祭祀对象，"关于谷神的祭祀可上溯到周代"②。老子的谷神未必等同祭祀对象的那个谷神，但确认了道作为神灵，是神性存在。"谷神不死……是谓天地根"，这里的谷神明确指本原之道，在天地之前。道具有神性，就需要对老子之道与道教之道的关系重新界定。宫哲兵等认为："一些学者认为，'道'在汉代以前是一个哲学概念，尤其在道家那里，是一个无神的概念，表示规律、法则、世界本原等意义。汉代以后，因道教神化老子，将'道'也神化为太上老君，使'道'从

---

① 宫哲兵，黄超. 道：祭道路神：古"道"字长期被忽略的一个含义 [J]. 哲学研究，2009（1）：37.

② 纪念陈荣捷先生 120 周年诞辰 / 陈荣捷（1901—1994）：一份口述自传的选录。

无神的概念变成有神的概念，从哲学概念变成了宗教的概念。从以上论述看，这一认识不够全面，早在先秦两汉的典籍中，'道'就具有祭祀道路神的含义。汉代出现'道家'的称谓与'道教'的组织之后，'道''祖'作为道路神的称谓在汉以后的典籍中就少了，而'行'作为道路神的称谓则越来越多了。这是我们在论述'道'的含义时必须关注的。"[①]詹石窗把道教分为雏形道教、义理道教和制度道教三大形态（三个时期）[②]，认为老子的道德之教也是道教，属于义理道教（古典道教），"老子阐述了思想教化的义理，所以这种道教就是义理道教"。[③]

道"悦"主要体现道的情感性，道"救"则主要体现道的意志性。通行本有原文"有罪以免"（第六十二章）、"天将救之"（第六十七章）、"天网恢恢、疏而不失"（第

① 宫哲兵，黄超. 道：祭道路神——古"道"字长期被忽略的一个含义 [J]. 哲学研究，2009（1）：40.

② 詹石窗后来又把道教分为元初道教、古典道教和制度道教三大形态（三个时期），雏形道教改为元初道教，义理道教改为古典道教。

③ 詹石窗. 重新认识道教的起源与社会作用 [J]. 中国道教，2013（2）：28.

七十三章）、"天道无亲，常与善人"（第七十九章），都有明显的道的拯救观念，这些都充分体现了道的意志性。"天将救之""天网恢恢、疏而不失"中的"天"即"天道无亲，常与善人"中的"天道"，这里的"天"与"天道"相对于"人道"，与道生万物的道具有同样的地位。①"治人事天"（第五十九章）的"事天"是服侍天、祭祀天，也说明"天"有意志性。"天"与"天道"的意志性、救赎性，也就是道的意志性与救赎性。通行本第五章"天地不仁"的"天"不是意志的天，应为后学所加。楚简本《老子》无"天地不仁"一句，《文子》引《老子》本章时亦无此句。陆建华区分了自然之天与宗教之天，"老子之天是复杂的，具有自然之天和宗教之天两重性"②。

　　道的救赎问题，首先涉及善恶问题，因为人有恶而沉

---

　　① 这里的"天"与道有同样的地位，难道老子概念系统混乱了吗？也不是。这涉及《老子》文本系统的流变，楚简本里最高的概念是道，"天"仅作为物质天；而"天将救之""天网恢恢、疏而不失""天道无亲，常与善人"中的"天"都不在楚简本里，可以作为晚出文献，如汉帛本与通行本。

　　② 陆建华. 自然与宗教的双重存在：对老子之天的考察 [J]. 江西社会科学，2014（3）：5.

沦，才涉及救赎问题。如果人始终是善的，则无需拯救。

老子涉及道"救"之救赎问题，同样与善恶问题有关。《老子》里的"皆知善，此其不善矣"（第二章），一般理解为天下都知道善，因为世界有不善，即世界的恶已经展开。老子不是要解构善恶分别，恰恰是承认趋善避恶，所以《老子》还有"天道无亲，常与善人"（第七十九章）的表述。那么世界的恶是怎么产生的？一般的小恶，并不过多影响生命成全与人类秩序。老子用大恶来讲恶的起源问题。老子提到"罪莫厚乎甚欲"（第四十六章），即大恶之罪来自于欲望的过度彰显。一方面，道作为欲神，道有欲而赋予人有欲（但道自身的欲是完善的，不会展开为恶）。通行本有原文"谷神不死"（第六章），谷神"是谓天地根"，道"先天地生"，谷神就是道。高亨说："谷神者，道之别名也。""谷神"即欲神，"谷神不死，是谓玄牝"，谷神作为玄牝，即宇宙生殖器，也说明谷神有欲。谷神崇拜与生殖器崇拜应是一脉相承的。《老子想尔注》里，谷神之注为欲："谷者，欲也。"而谷在楚简本里可作欲（如，"不欲以兵强于天下"的"欲"，楚简本作"谷"），"谷神"在汉帛本里作"浴神"。通行本

"有道者不处"，在汉简本里作"有欲者不处"，也说明
欲神（谷神）就是道。《康熙字典》里，多处的谷音欲，
《音学五书》山谷之谷，虽有穀、欲二音，其实欲乃正
音；《书》旸谷，一音欲；《左传》南谷中，一音欲；《史
记·樊哙传》横谷，《正义》音欲；《货殖传》谷量牛马，
索隐音欲；苦县《老子铭》书谷神作浴神是也"。人有欲
是积极的，比如适中的食欲、性欲与名欲都可以促进人
的生命和社会发展。另一方面，欲望的过度彰显则有可
能出现大恶，这就是"罪莫厚乎甚欲"。老子主张"少私
寡欲"（第十九章），就是防范欲望的无限膨胀。老子讲
"名与身孰亲？身与货孰多？……知止不殆"（第四十四
章），也是讲名货之欲要保持合适的度。老子认为圣人做
到了对欲望的节制，"圣人欲不欲，不贵难得之货"（《老
子》第六十四章）、"是以圣人之言曰：我无欲而自朴"
（《老子》第五十七章）。但人经常会逾越欲望的界限而导
致罪，道母给出了"有罪以免"的免罪通道，那就是通
过亲近道母，"复守其母"（《老子》第五十二章）、"贵食
母"（第二十章）的方式，得到道母的宽恕。道有博爱和
宽恕，圣人法道，圣人也救人而无弃人，"是以圣人常善

救人，故无弃人"（第二十七章）。"有罪以免"当然是指道来免，不是侯王给民免罪，文本依据是"有罪以免"章的开头便是"道者，万物之奥也"（第六十二章），本原之道是万物／人的庇护所。道（者）与万物对举时，道是本原之道。人愿意亲近道母，则道母宽恕之前的罪；真正亲近道母之后，则不容易继续犯"罪"："道者同于道"。"道者，万物之奥"，道是人的庇护所。道母是慈母，人如果做到了慈，道母也会施救，"夫慈，以战则胜，以守则固。天将救之，以慈卫之"（第六十七章）。天道的慈，是道的情感性；天道因为慈而能卫之，是道的意志性。

道母善恶分明，善恶的终极裁判权在道母那里。善恶如果仅仅在人间，在理论上也是不能究竟的，例如有的人认为"为父母复仇"是善的，有的人认为是恶的；有的人认为堕胎是恶的，有的人认为不是，无法达成一致。道母对善恶的判断属于终极判断，类似于"上帝十诫"，这并不影响人间建立善恶，通过法律方式保障历史正义。道母宽恕恶，前提是愿意悔改而亲近道母，往后在道母带领下不再作恶。如果不与道母亲近，而持

续作恶，道母将不予以宽恕和救赎，而采取惩罚："天
网恢恢，疏而不失"（第七十三章），"强梁者，不得其
死"（第四十二章）。"天道无亲，常与善人"（第七十九
章），是说天道是公正的，天道无私情，只与归正的善人
一起。孔子也说："获罪于天，无所祷也"（《论语·八佾
篇》。陆建华注意到："对于宗教之天，老子认为天具有
主宰性，天主宰人间万事时体现其道德性，这种道德性
又体现在天一方面对所有的人'善'，另一方面仅对善人
'善'。基于宗教之天的主宰性，人们唯有事天、从天，
顺应天意，才能获得天的佑护。"① 这里的天实际就是天
道，也是道。

对人的行为约束，通常有三种方式：道德、法律、信
仰。道德和法律对人的约束都是有作用的，需要肯定。
但同时道德和法律也有监管不了的地方，那就需要信仰
约束。

从人格上看，理性十分重要，但仅仅有理性是不够
的，还需要信仰、情感，才能构成完整的人格。尤西林

---

① 陆建华. 自然与宗教的双重存在：对老子之天的考察 [J]. 江
西社会科学，2014（3）：5.

说："有无信仰是人兽的区别之一。"①陈霞注意到："失去信仰的人类会进入虚无主义之中。一旦失去超验的信仰，没有了对神的敬畏，缺乏最高的价值支撑，人会处于一种无根基的状态；人是有限和脆弱的，也难以容忍无边的空虚、黑暗、无限，以及对此的无知和无助。"②

本 章 小 结

在老子思想里，除了道，"有"和"无"是一个非常重要的问题。道是"有"，是"无"，还是既"有"又"无"，都是需要认真厘清的。另外，道与人是什么关系，这些都是老子所关注的重要问题。我们可以把道与"有"或"无"的关系，以及道与人的关系，作为老子道论的元问题。道具有情意性（神性），不仅是哲学意义的本原存在，还是宗教意义的信仰对象，这决定了道是"有"，而不是"无"。学界普遍用"无"来规定道，其实是忽视了

① 尤西林. 人文精神与现代性 [M]. 西安：陕西人民出版社，2006：319.
② 陈霞. 论道家之"道"的信仰特色 [J]. 哲学研究，2017（9）：37.

道的情意性。王弼提出"以无为本"，主要基于通行本的
原文"天下万物生于有，有生于无"（通行本第四十二章），
"有生于无"里"无"的地位高于"有"的地位，"无"处
于支配地位。但要注意，这里的"无"并不一定意味着是
道，"无"可以处于道之后。而道可以作为"有""无"之
前的本体（恒有/万有），所以在描述道时，用的是"有"：
"'有'物混成"（第二十五章），楚简本作"'有'庄昆成"。
"道大、天大、地大、王亦大，域中有四大"（第二十五章）
里，道、天、地、王都是对象存在，都是"有"。董平也
注意到，道作为本原，"本原本身必定是'有'，而不是纯
粹的'无'。老子说……有象、有物、有精、有信，无论
何种解释……都是'有'而非'无'"[1]。王弼是贵无论，裴
頠则是崇有论。楚简本出土，贵无论的权威性被动摇。有
学者也对贵无论进行了反思，如陈鼓应、张祥龙等。楚简
本是"天下之物生于有，生于无"，"有"和"无"是并
列的。希腊哲学的本体论，即存有论/万有论，是把超越
性的绝对性的"有"作为本体，逻辑是自洽的。根据楚简

---

① 董平. 老子研读［M］. 北京：中华书局，2015：19.

本，如果道既是"有"，又是"无"，如何才能自洽呢？在楚简本里，"有"作为道体，"无"作为道用（而不是同作为道体）。道的情意性也就是道作为智慧生命、神性本体。

把老子道论解读为唯物论或无神论，以及死的本体论，都无法打通诸多原文。道具有情意性，同时人具有主体性，这是信仰和理性的统一，更有助于理解老子的整体思想。道"悦"是道的情感性，而道"救"是道的意志性。道喜乐，即道作为喜神；道拯救，即道作为爱神。人因有罪而需要道的免罪："有罪以免"，道具有终极善恶的裁判权。同时道又不干预人的主体性，道"衣养万物而不为主"（《老子》第三十四章）、"生而不有，为而不恃，长而不宰"（《老子》第五十一章）。老子道论接近人文主义，道一方面具有神性，另一方面又尊重人的主体性。道"夫莫之命而常自然"（《老子》第五十一章），即道之自然表现为道不干预万物、不干预人。道母信仰是一种轻松的信仰，基于承认主体性的对象化信仰。

人本思想是人文主义的核心观念，但国内不少学人对人文主义常有误解，误以为抛弃上帝（情意性的终极存在）有利于重建人文主义。另外，还应注意，解读老子还要尊重原文，而不是完全以今解古，或以西格中。《老子》文本里有情意性之道，不能直接抹杀掉。刘家和其实对国内学界关于人文主义理解的普遍误区做过一次检讨：西方人文主义启蒙运动并非直接抛弃上帝，而是重新反思人神关系——信仰上帝是为了更好地服务人，即人具有主体性，仍然要保留上帝。刘家和说："人本思想不等于无神论（Atheism），它并不要求人们在思想上排除对于神的信仰，而只要求人们在处理人神或天人关系时以人为本。在古代中国、希腊以及近代西方文艺复兴时期，人本思想都很盛行，而那时的人本思想都未曾排斥对于神的信仰；毋宁说，它承认在人与神之间存在一种张力（tension）或'拔河'关系。人本思想只是告诉人，在这种关系中不能忘记了人是根本，即使你信神，那么目的也是人而非神。我认为，理解人本思想的这一特点，对于研究古代思想尤为重要。因为要求一位古代思想家完全消除神的观念是极为困难的。"①笛卡尔和康德作为人文主义启蒙思潮的两大代表性大哲学家，笛卡尔提出"怀疑一切"，但并没有怀

---

① 刘家和.《左传》中的人本思想与民本思想［J］.历史研究，1995（6）：4.

疑上帝的存在，并且论证上帝的存在；康德提出"人是目的"，但在宗教哲学与伦理学里，都保留了上帝。除了儒家的"意志天"信仰，道的情意性信仰也是重要的信仰资源，情意性之道的信仰是信仰与理性的有机统一。

内圣外王

　　出土于荆门郭店的战国楚简老子甲本（以下简称"楚简本《老子》甲本"），由五组竹简组成，对五组的组别顺序进行"还原"后，整本能呈现出一个完整的思想体系，这个体系依照内圣外王的结构秩序展开，章与章之间具有关联性，不同于五千言《道德经》的散漫顺序。"内圣"即成为圣人，"外王"即圣人治世。楚简本《老子》甲本共 19 章（1000 余字），内圣篇是第一章至第七章的内容，先后论述人法天地、人法道、人法自然（依照第一章末句的"人法地，地法天，天法道，道法自然"而展开）；外王篇是第八章至第十九章的内容，先后论述圣人欲不欲、圣人好静、圣人无为、圣人无事（第十九章末句"是以圣人之言曰：我无事而民自富，我无为而民自化，我好静而民自正，我欲不欲而民自朴"对其进行总结）。老子的内圣思想体现在"天"与人的关系里，外王思想体现在君民的关系里。

1993 年出土于湖北荆门郭店村的楚简《老子》，系战国时期的《老子》传抄本。郭店楚简《老子》分甲、乙、丙三本，甲本的抄写时间早于乙本、丙本。学界有多名学者从文字特点与书写字体①、内在思想②等方面论证了甲本早于乙本、丙本，甲本早于乙本、丙本的观点在学界已取得共识。楚简本《老子》甲本是迄今为止发现最早的《老子》传抄本。

楚简本《老子》甲本由五组竹简拼连而成，1998 年出版的《郭店楚墓竹简》③一书中的楚简本《老子》甲本所拼连的五组先后顺序并不等于楚简本《老子》甲本原抄本的顺序（出土时竹简的编绳已断，竹简已散乱，整理小组的专家进行了重新编连）。"根据彭浩（整理者）和裘锡圭的介绍，这些章节在《郭店楚墓竹简》一书中顺序是临

---

①　丁四新. 郭店楚墓竹简思想研究［M］. 北京：东方出版社，2000：8-9.

②　谭宝刚. 老子及其遗著研究［M］. 成都：巴蜀书社，2009：179-181.

③　荆门市博物馆. 郭店楚墓竹简［M］. 北京：文物出版社，1998：3-6.

时的，而且不是以自然形态为依据的"①。韩禄伯明确提到
这一点，"《老子》甲组有 5 枚简以章首之文始录于简头，
因而，39 枚简可分为 5 个单元。……按《郭店楚墓竹简》
一书所示排列，而非其原始顺序。……（通行本）第十九
章（"绝智弃偏"章）未必就是《老子》甲组的文首"②。
但韩禄伯没有对五组的先后顺序进行重新调整。《郭店楚
墓竹简》一书中的楚简本《老子》甲本五组组别顺序应
进行调整，原第二组应为第一组③，原第三组应为第二组，
原第五组应为第三组，原第一组应为第四组，原第四组应
为第五组。对五组的组别顺序进行调整后，整本能呈现出
一个完整的思想体系。李零"……依原简的篇章符号，参

---

① 艾兰. 郭店老子：东西方学者的对话 [M]. 北京：学苑出版
社，2002：133.

② 韩禄伯. 简帛老子研究 [M]. 邢文，改编. 余谨，译. 北京：
学苑出版社，2002：6.

③ 《郭店楚墓竹简》一书中的楚简本《老子》甲原第一组直接进
入治世的内容，显得唐突。原第二组第 1 章提出"先天地生"的道，应
为第一组，道是治世的依据，由天道而治道符合常理。《文子》一书也是
把"先天地生"一章作为首篇首章，见《文子·道原》。高华平认为郭
店楚简里，天道之道用道，而人道之道用"彳人丁"，而李零调整后的顺
序，上篇中的道都是天道之道，人道之道："彳人丁"都在下篇。

酌文义，重新排列"①，也采取了同样的调整。原简的内容文义和篇章符号得到了吻合，这样的调整是很有说服力的。郭沂同样采取这一调整方案。②

李零认为楚简本《老子》甲本有层次结构，"此组分篇甚有理致，上篇……是以论述'天道'贵虚、贵柔、贵弱为主，下篇……是以论述'治道'无为为主，即以无为治国用兵取天下为主，似乎是按不同的主题而编录。"③李零敏锐地看到楚简本《老子》甲本"分篇甚有理致"，但李零没有注意到"内圣外王"的结构。另外，李零认为"似乎是按不同的主题而编录"，但未揭示具体主题以及章与章之间的关系。

邓球柏明确提出了楚简本《老子》有内圣外王之道的主题，"我初步认识到内圣外王之道是《郭简·老子》的主题思想"④。这一观点很重要，但忽视了楚简本《老子》

①　李零. 郭店楚简校读记 [M]. 北京：中国人民出版社，2007：3.

②　郭沂. 郭店竹简与先秦学术思想 [M]. 上海：上海教育出版社，2001：49-100.

③　李零. 郭店楚简校读记 [M]. 北京：中国人民出版社，2007：3-4.

④　邓球柏. 内圣外王之道：《郭简·老子》的主题 [J]. 哲学研究，2004（1）：25.

甲本的整体篇章顺序本身就是依照内圣外王的结构秩序布局的，也就是邓球柏关注到了思想主题，而忽视了文本的脉络结构。邓球柏同样是把不同时期的楚简本《老子》三个文本作为一个完整的文本，忽视了楚简本《老子》甲本自身是一个独立完整的文本。

内圣就是圣人人格，外王就是圣人治世。前者是修身，后者是治世。前者是个人人格，后者是社会责任。前者是个体性维度，后者是社会性维度。陈来简要地讲到了内圣外王的内涵，"就是内外兼修，内就是我们精神内在的修为；外就是外在的，特别是管理方面的成就。就古代来说，为什么用王这个字呢？因为王就是政治家的代表，用王代表内在的修为和外在的成就双方面结合的个人发展成就"①。内圣外王之道不只是儒家的传统，其实道家也有内圣外王之道的思想，在楚简本《老子》甲本中，老子是直接按照内圣外王的脉络结构构建自己的思想的。道家、儒家均有内圣外王之道的思想。冯友兰有过相关论述，"哲

---

① 陈来. 国学散论：陈来随笔集［M］. 北京：清华大学出版社，2019：224.

学所讲的就是中国哲学家所谓'内圣外王'之道"①，在论述道家时提到，"理想的国家是有圣人为首的国家。只有圣人能够治国，应该治国"。②许抗生也明确表述过，"儒家道家都讲内圣外王之道"③。汤一介也持同样的观点，"当时，儒、道、墨、名、法、阴阳等家各有各的天下之术，都说自己的学说是圣王之道"④。贾坤鹏提到，"道家、儒家、法家均有'内圣外王'思想，故'内圣外王'应是先秦学术的共性，而非某家的专利"⑤。梁涛考据得出，"北宋时期是'内圣外王'由道家用语向儒家术语演变的重要时期"⑥。"内圣外王"最先是道家的概念，之后才是儒家借用。最早明确提出"内圣外王之道"是在《庄子·天

---

① 冯友兰. 中国哲学简史 [M]. 北京：北京大学出版社，2010：7.

② 冯友兰. 中国哲学简史 [M]. 北京：北京大学出版社，2010：86.

③ 许抗生. 当代新道家 [M]. 北京：社会科学文献出版社，2013：51.

④ 汤一介. 儒学十讲 [M]. 北京：北京出版社，2019：75.

⑤ 贾坤鹏. 论韩非的"内圣外王"之学 [J]. 哲学研究，2018（11）：51.

⑥ 梁涛. 北宋新学、蜀学派融合儒道的"内圣外王"概念 [J]. 文史哲，2017（2）：20.

下》里，"是故内圣外王之道，暗而不明，郁而不发，天下之人各为其所欲焉以自为方"。《庄子》是对内圣外王之道的肯定，"照《天下》所说，内圣外王之道本是天下之治术者共同的追求，但到了春秋战国时各家各派都提出他们治天下的学说，因百家纷争，道术不行，天下大乱，而使内圣外王之道暗而不明、郁而不发，这对天下是大不幸"①。这也可以看出，内圣外王之道本是中华文化最重要的思想与共识，同时在《庄子》之前就有这样的思想指向。

楚简本《老子》甲本共 19 章（1000 余字），内圣篇是第一章至第七章的内容，先后论述人法天地、人法道、人法自然（依照第一章末句的"人法地、地法天、天法道、道法自然"而展开）；外王篇是第八章至第十九章的内容，先后论述圣人不欲、圣人好静、圣人无为、圣人无事（第十九章末句"是以圣人之言曰：我无事而民自富，我无为而民自化，我好静而民自正，我欲不欲而民自朴"对其进行总结）。

① 汤一介. 儒学十讲 [M]. 北京：北京出版社，2019：75.

第一节　内圣篇：论述成为圣人的路径

楚简本《老子》甲本的内圣篇是第一至第七章的内容。

第一章是楚简本《老子》甲本整本书的总纲（第一章先提出了道："字之曰道。"道"先天地生"，这里的道是本原之道。本原之道是治世之道的依据，"可以为天下母"，天下是政治概念）。

第一章：有庄昆成，先天地生，悦穆①，独立不改，可以为天下母，未知其名，字之曰道，吾强为之名曰大。

---

①　悦穆：在《郭店楚墓竹简》中的释文是"敚穆"。"敚穆"其实就是"悦穆"，《文子·精诚》中的"……夫道者……静漠恬惔，悦穆胸中，廓然无形，寂然无声"一句可证。王利器在《文子疏义》中提到："悦穆在《淮南子·泰族篇》中是颂缪，许慎云，颂，容也，缪，静也。"（王利器. 文子疏义 [M]. 北京：中华书局，2000：60.）悦穆就是容与静，这是符合老子思想的。悦（讼）即容，是老子的处下思想，与楚简本《老子》甲第16章的"卑道之在天下也，犹小谷之与江海"相照应。穆（缪）即静，是老子的虚静思想，与楚简本《老子》甲第13章的"知以静，万物将自定"相照应。

大曰逝①、逝曰远、远曰反。天大，地大，道大，王亦大。国中有四大焉，王居一焉。人法地，地法天，天法道，道法自然。

老子在总纲里要回答"人从哪里来、到哪里去"的哲学问题，老子认为道是本原，人从道那里来，道"先天地生"，道比天地更终极。老子认为王是归宿，人要成为王。而圣人才能算得上是王，成为王也就是人要成为圣人（圣王）。楚简本《老子》甲本第九章里先提到的王，"江海所以为百谷王，以其能为百谷下，是以能为百谷王。"接着就讲圣人："圣人之在民前也，以身后之；其在民上也，以言下之。"也说明圣人是王（王不是普通的政治王，而是圣王）。当然在楚简本《老子》甲本第九章先提到的王，是用百川归海（江海是百川的王）来比喻民归往圣人，圣人是民之王。《说文解字》也说："王，天下所归往也"。

---

① 李零释为羡，并提到羡见于曾侯乙墓钟磬铭文，表示损。（李零. 郭店楚简校读记 [M]. 北京：中国人民出版社，2007：13.）李零的考究可信，释为羡，为损义，与"天道员员"验证，"员"在楚简本《老子》乙里是"损"："为道者日员（损）"。

《庄子·天下篇》里也认为圣和王同源，"圣有所生，王有所成，皆原于一"。圣人是完满的人，是通道的人。圣有通的意思，《说文解字》："圣，通也。"王也有通的含义，董仲舒从造字的角度揭示了王字的内涵："古之造文者，三画而连其中，谓之王。三画者，天地与人也；而连其中者，通其道也。取天地与人之中以为贯，而参通之，非王者孰能当是？"（《春秋繁露·王道通三第四十四》）陈来讲到，"就古代来说，为什么用王这个字呢？因为王就是政治家的代表，用王来代表内在的修为和外在成就双方面结合的个人发展成就"[①]。在老子看来，比天地更终极的是道："先天地生。"道是本原，道是大的。而王是理想的人，王也是大的，所以不仅"天大、地大"，还有"道大、王亦大"。"天大，地大，道大，王亦大"的排序原因也在此。北京大学藏两汉竹书《老子》也是"天大，地大，道大，王亦大"的顺序[②]。

---

① 陈来. 国学散论：陈来随笔集［M］. 北京：清华大学出版社，2019：224.

② 北京大学出土文献研究所. 北京大学藏西汉竹书（贰）［M］. 上海：上海古籍出版社，2012.

老子以本原之道为起点，但最终归宿点是落在治世之道上的。而老子主张由圣人治世，要实现圣人治世（外王），先得成为圣人（内圣）。为何要圣人治世，圣人是通道的人，是完满的人。道是完满的，圣人又是通道的人，所以圣人是完满的。完满的人——圣人，在内在的境界上是完满的，在外在的事功上也是完满的，前者是内圣，后者是外王。也就是成为圣人后，圣人不是逃离社会，而是担当起社会责任。

第一章末句提出了内圣（成为圣人）的具体路径："人法地、地法天、天法道、道法自然。"这一句的主语是人，人是主体，是人法地、法天、法道、法自然。"人法地、地法天、天法道、道法自然"，实际应为"人法地、法天、法道、法自然"。老子把"人法地、法天、法道、法自然"表述为"人法地、地法天、天法道、道法自然"，这种表达的转换是修辞的需要，用前一句的尾字接后一句的首字（类似于顶针修辞），仅仅是一种语音节奏的需要，达到一气贯注的效果（例如，"吾强为之名曰大、大曰逝、逝曰远、远曰反"，正好还原为："吾强为之名曰大、曰逝、曰远、曰反"，这就符合了老子的本意，是以为证）。

李约在《道德经新注》中从义理上认为应该停顿为"人法
地地、法天天、法道道、法自然"，"凡言人属者耳，故曰
人法地地，法天天，法道道，法自然"①（高亨、张松如也
采取此停顿方案）。刘固盛注意到，"宋代老学还普遍出现
了人兼法天地与道而总体上归于自然的注解"②。邓联合认
为不是道法自然，而是人法自然，但也省略了人法地、法
天、法道③。其实，是人法地、法天、法道、法自然。人
不仅法地，还要法天、法道、法自然，这也符合老子的整
体思想。如果简单地按照"人法地、地法天、天法道、道
法自然"的字面形式断句，而不做修辞的还原，即人只法
地，不法天、道、自然，显然不符合老子的整体思想。另
外以"地法天""天法道""道法自然"断句，把地、天、
道作为主语是违背老子思想的，因为地、天、道是没有意
志的，也就不存在去法的问题。因而，把"道法自然"作

①　李约. 道德真经新注［M］. 天津：天津古籍出版社，1987：
328.

②　刘固盛. 宋代老学关于"道法自然"的诠释［J］. 哲学研究，
2018（5）：65.

③　邓联合. 从史官话语到哲学话语：《老子》文本两种常见句法
的思想释义［J］. 哲学研究，2012（6）：43.

为老子的核心命题之一，显然是值得商榷的。人是主体，人有意识，是人法自然，指人以自身的本然为法（五千言《道德经》中的"道生一、一生二、二生三、三生万物"，也是"道生万物"，而不是"三生万物"，万物由道所生符合老子整体思想）。

"人法地，地法天，天法道，道法自然"，实际应为"人法地、法天、法道、法自然"。老子在具体论述中，把人法天地进行合并论述，然后论述人法自然，最后论述人法道。亦即在具体论述中，老子认为成为圣人的路径是：人法天地、人法道、人法自然（老子表述为"人法地，地法天，天法道，道法自然"，这里面地、天、道是外在对象，自然是内在之我，自然是人之本然。自然突出先天性，区别于文化性，人法自然是为了克制文化异化）。

楚简本《老子》甲本第二章、第三章论述人法天地，第四章、第五章论述人法自然，第六章、第七章论述人法道。

一、人法天地

人法天地论述的是人与天地的关系，即人以天地为法。相关原文为楚简本《老子》甲本第二章、第三章（第二章中"天地之间，其犹橐籥欤"直接提到了天地）。

第二章：天地之间，其犹橐籥欤？虚而不屈，动而愈出。

第三章：至虚，亘也；守中，笃也。万物方作，居以须复也。天道员[①]员，各复其根。

第二章讲天地的状态：虚。"虚而不屈，动而愈出"，论虚静是有力量的。

第三章讲人要虚。天地的状态是虚，人法天地故人要虚（"至虚，亘也"）。本章通过讲复归来讲人的虚静，"万物方作，居以须复也。天道员员，各复其根"，复根就是复归于道。

二、人法道

人法道论述的是人与道的关系，即人以道为法。相关原文为楚简本《老子》甲本第四章、第五章（第四章中的

---

①　员或为损，五千言《道德经》的"为道日损"在楚简本《老子》乙里是"为道者日员"。

"反也者，道动也"、第五章中的"功遂身退，天之道也"
都明确提到了道）。

第四章：反^①也者，道动也；弱^②也者，道之用也。
天下之物生于有，生于无^③。

第五章：持而盈之，不若已。揣而群之，不可长保也。
金玉盈室，莫能守也。贵福骄，自遗咎也。功遂身退，天
之道也。

第四章讲道之动与道之用：反与弱，"反也者，道动
也；弱也者，道之用也"。"天下之物生于有，生于无"，
有无平行，与"有无之相生也"的原文验证。

第五章讲人要守弱，"功遂身退，天之道也"。道之用
是弱，人法道故人要守弱。外王篇的无为、无事、无名都
是用弱的具体体现。

---

① 竹简原文是返，返同反，与"吾强为之名曰大、大曰逝、逝曰
远、远曰反"中的反同义。

② 竹简原文是溺。

③ 竹简原文是亡，亡同无。

三、人法自然

人法自然论述的是人与自然的关系，即人以自然为法（自然即本然，人法自然即人以自身的本然状态为法，意指防范人的异化）。相关原文为楚简本《老子》甲本第六章、第七章。

第六章：含德①之厚者，比于赤子。蜂虿虫蛇弗螫，攫鸟猛兽弗扣。骨弱筋柔而捉固，未知牝牡之合然怒，精之至也。终日呼而不忧，和之至也。和曰常，知和曰明。益生曰祥②，心使气曰强。物壮则老，是谓不道。

第七章：名与身孰亲？身与货孰多？得与亡孰病？甚爱必大费，厚藏必多亡。故知足不辱，知止不殆，可以长久。

第六章讲自然之先天性：赤子的内在性，"含德之厚者，比于赤子"。赤子是初生的婴儿，象征先天性，秉承

---

① 《说文解字》："德，外得于人，内得于己也，从直从心。"

② 竹简原文就是羕，不是祥，释为祥是受了五千言《道德经》的影响。

道的原初性，还没有发端后天的欲望与巧伪。

第七章讲人要内守：贵身，"名与身孰亲？身与货孰多"。人的自然先天性犹如赤子的内在性，人法自然故人要内守。身是内在的，而名货是外在之社会性。老子主张守身，也就是向内守，这和"守中，笃也"一句照应。（《说文解字》："中，内也。"）老子突出身，身作为内在之自然性，是防范外在文化性的异化。自然原意是自己如此，《玉篇·火部》："然，如是也。"孔颖达疏《礼记·学记》："然，如此也。"即本然。

当人做到法天地、法道、法自然，也就成为了圣人，也就具有了治世的内圣条件。为何当人做到法天地、法道、法自然，也就能成为圣人呢？这是因为人法天地、自然、道，就是"以天为则"，是人合于"天"，其实达到了天人合一的至高境界，天地、自然、道都是广义的"天"的范畴。

第二节　外王篇：论述圣人治世的路径

楚简本《老子》甲本外王篇是第八章至第十九章的内容。

外王即圣人治世，主要是处理好执政者与民的关系，在圣人与民的关系里，老子又是以民为本的。老子主张由圣人来做君王，圣人是得道的人。老子主张的民本理念，是君不强制民："我（圣人）无为而民自化。"

老子构想的理想社会是民自富、民自化、民自正、民自朴，老子认为需要由合道的人来治世才能实现理想的社会，即由圣人治世，而圣人治世的具体路径是：圣人无事、圣人无为、圣人好静、圣人欲不欲。楚简本《老子》甲本在第十九章末句概括为："是以圣人之言曰：我无事而民自富，我无为而民自化，我好静而民自正，我欲不欲而民自朴。"

楚简本《老子》甲本第八章、第九章论述圣人欲不欲，第十章、第十一章论述圣人好静，第十二章至第十六章论述圣人无为，第十七章至第十九章论述圣人无事。

一、圣人欲不欲

圣人欲不欲，即圣人不贪婪（以彰显私欲），而民自朴："我欲不欲而民自朴。"相关原文为楚简本《老子》甲本第八章、第九章。第八章中的"视素保朴，少私寡欲"，第九章中的"罪莫厚乎甚欲，咎莫险乎欲得"，都提到了关于欲的问题。（楚简本《老子》甲本里，"江海所以为百谷王……"与"罪莫厚乎甚欲……"为一章，比通行本《老子》分为两章更合理，廖名春提到，"楚简从'视索（素）保朴，少私寡欲'论及'以其不争，故天下莫能与之争'，进而谈'甚欲''欲得''不知足'之误，逻辑思路清楚。……楚简的内在理路清楚，当为故书之旧；而王弼本当经过了后人的改编"①。）

第八章：绝智弃偏，民利百倍；绝巧弃利，盗贼无有；绝伪弃虑②，民复季③子。三言以为辨不足，或命之或呼属：

---

① 廖名春. 郭店楚简老子校释 [M]. 北京：清华大学出版社，2003：46.

② 《文子》（道原篇）："不虑而得，不为而成。"

③ 《说文解字》："季，少称也。"

视素保朴，少私寡欲。

第九章：江海所以为百谷王，以其能为百谷下，是以能为百谷王。圣人之在民前也，以身后之；其在民上也，以言下之。其在民上也，民弗厚也；其在民前也，民弗害也。天下乐进而弗厌。以其不争也，故天下莫能与之争。罪莫厚乎甚欲，咎莫险乎欲得，祸①莫大乎不知足。知足之为足，此亘足矣。

第八章讲欲的界限。"少私寡欲"，也就是老子不主张彰显欲望而纵欲，但承认了合理的欲望（五千言《道德经》里还有"无欲"的表述，显然陷入了禁欲主义，与"少私寡欲"相矛盾）。"绝智弃偏"在五千言《道德经》里是"绝圣弃智"，如果老子一方面推崇圣人，另一方面又"绝圣"，会导致相互矛盾，而"绝智弃偏"就不会有这样的悖论。

第九章讲违背不欲的后果。甚欲之罪、欲得之咎、不知足之祸，进而提出知足的思想。老子讲不争，是说执政

① 竹简原文是化。

者处下，不与民争利，体现了权利在公的公共服务精神，也就是一种民本精神。

二、圣人好静

圣人好静，即圣人不妄动（不彰显权力意志），而民自正："我好静而民自正。"相关原文为楚简本《老子》甲本第十章、第十一章（第十一章"孰能浊以静者将徐清"明确提到了静）。

第十章：以道佐人主者，不欲以兵强于天下。善者果而已，不以取强。果而弗伐，果而弗骄，果而弗矜，是谓果而不强，其事好。

第十一章：长古之善为士者，必微弱玄达，深不可识，是以为之容：豫乎若冬涉川，犹乎其若畏四邻，俨乎其若客，涣乎其若释，敦乎其若朴，沌乎其若浊。孰能浊以静者将徐清，孰能安以动者将徐生？保此道者，不欲尚盈。

第十章讲好静的体现。不武力称霸，"不欲以兵强于天下"。圣人好静，不发动权力意志而称霸天下，体现出老子的人类情怀和人文关怀，老子反对恃强凌弱的丛林法则。五千言《道德经》把和平与战争作为有道与无道的一个判断标准，"天下有道，却走马以粪；天下无道，戎马生于郊。"

第十一章讲好静的状态。"微弱玄达，深不可识""犹乎其若畏四邻"等描述，老子意在说执政者需要谨小慎微，去除权力意志，而不是狂妄自大。

三、圣人无为

圣人无为，即圣人不强制，而民自化："我无为而民自化。"相关原文为郭店《老子》甲本第十二章至第十六章（第十二章中的"是以圣人无为故无败"，第十三章中的"道亘无为也"，第十四章中的"为无为"，第十五章中的"是以圣人居无为之事"，都明确提到了无为。第十六章"道亘无名"是对"无为"的拓展，故第十六章在竹简中抄写时，前边空了两个字的距离）。

第十二章：为之者败之，执之者远之。是以圣人无为故无败，无执故无失。临事之纪，慎终如始，此无败事矣。

圣人欲不欲，不贵难得之货；教不教，复众之所过。是故圣人能辅万物之自然，而弗能为。①

第十三章：道亘无为也，侯王能守之，而万物将自化。化而欲作，将镇之以无名之朴。夫亦将知足，知以静，万物将自定。

第十四章：为无为，事无事，味无味。大，小之。多易必多难，是以圣人犹难之，故终无难。

第十五章：天下皆知美之为美也，恶已；皆知善，此其不善已。有无之相生也，难易之相成也，长短之相形也，高下之相盈也，音声之相和也，先后之相随也。是以圣人居无为之事，行不言之教。万物作而弗始也，为而弗志也，成而弗居。天唯弗居也，是以弗去也。

第十六章：道亘无名，朴唯微，天地弗敢臣。侯王如能守之，万物将自宾。天地相合也，以输甘露，民莫之命而自均焉。始制有名，名亦既有，夫亦将知止，知止所以

---

① "为之者败之"章与"其安也，易持也"章，楚简本《老子》甲是作为两章而分开的，五千言《道德经》是同作为一章。有学者考据，《韩非·喻老》里，也是当作两个章节在引用。

不殆。譬道之在天下也，犹小谷之与江海。

第十二章讲无为的作用："无为故无败"。为字的甲骨文是𝑦，从爪从象，原意是人对大象进行驯化，驯化意味着改变本来状态，是强加了人的意志，所以为的本义是意志的强加，因而无为也包含不强加意志的意思，无为也就是不强制。执政者无为，就是不彰显权力意志，对民不强制、不干预，是防止公权力异化为私权力，体现民自主的民本思想。《韩非子·扬权篇》也认为不彰显权力即无为，"权不欲见，素无为也"。执政者不强制，民就是自由的状态。犹如哈耶克所说，"在这种状态下，社会中他人的强制被尽可能地减到最小限度。这种状态我们称之为'自由'的状态"①。

第十三章讲无为的地位："道亘无为"。道是无为的，把无为之治上升到道的高度（突出了无为的重要性），也就是执政者实施无为之治才是符合道的。当然这里的道是价值之道，而不是本原之道。老子的道，既有本原维度，

---

① 哈耶克. 自由宪章 [M]. 杨玉生等，译. 北京：中国社会科学出版社，2012：28.

也有价值维度。"先天地生"的道是本原之道，"道亘无为"的道是价值之道。

第十四章讲无为的状态："犹难"（"是以圣人犹难之"）。执政者不妄自尊大，才能收敛权力意志，不至于干预民。在老子思想里，对于为的问题，有的地方是反对为的，比如"为之者败之"；而有的章节又是主张为的，比如"为而弗志也""为之于其无有也"。出现这种情况，并非老子思想的悖论，而是为具有不同的含义。凡是老子在反对为时，这里的为是强制的意思；凡是老子在主张为时，这里的为是"做"的意思。"为无为"里的第一个"为"字是做，后面的"无为"是不强制。

第十五章讲无为的体现："行不言之教"。旨在反对执政者采取意识形态驯化，反对推崇唯一真理，而是主张思想自由，具有怀疑精神，从而具有多元化的价值。穆勒在《论自由》一书里也非常推崇思想自由、言论自由。

第十六章接续讲无为的体现："无名"。无名就是不外求名位，"道亘无名"同样指向价值之道。《庄子·逍遥游》则直接表达为"圣人无名"，因为圣人是符合"道亘无名"的。

四、圣人无事

圣人无事，即圣人不生事（无事安民，不扰民），而民自富："我无事而民自富。"相关原文为楚简本《老子》甲本第十七章至第十九章（第十九章中的"以无事取天下"明确提到了无事）。

第十七章：其安也，易持也；其未兆也，易谋也。其脆也，易判也；其几也，易散也。为之于其无有也，治之于其未乱。合（抱之木，作于毫）末；九成之台，作（于垒土；百仞之高，始于）足下①。

第十八章：知之者弗言，言之者弗知。闭其兑，塞其门；和其光，同其尘；挫其锐，解其纷，是谓玄同。故不可得而亲，亦不可得而疏；不可得而利，亦不可得而害；不可得而贵，亦不可得而贱，故为天下贵。

第十九章：以正治邦，以奇用兵，以无事取天下。吾

---

① 括号部分系竹简受损失缺字，据汉简本《老子》而补录。

何以知其然也？夫天多忌讳而民弥叛，民多利器而邦滋昏，人多智而奇物滋起，法物滋彰盗贼多有。是以圣人之言曰：我无事而民自富，我无为而民自化，我好静而民自正，我欲不欲而民自朴。

　　第十七章讲无事的前提。"为之于其无有也，治之于其未乱。"也就是要做到无事（不生事），就要不让事发生，而不是出事了再为，大乱了再治。"其安也，易持也；其未兆也，易谋也。其脆也，易判也；其几也，易散也"等内容，也是在讲防微杜渐的治于未乱之理。《尚书》里有"制治于未乱"的原文，《黄帝内经》里则有"不治已病治未病"的思想。

　　第十八章讲无事的体现："玄同"。"玄同"突出公正原则，不分亲疏是超越情感，不分利害是超越私利，不分贵贱是超越世俗价值，"故不可得而亲，亦不可得而疏；不可得而利，亦不可得而害；不可得而贵，亦不可得而贱，故为天下贵"。执政者做到了公正，就不会生出事来；不公正，则会生出事端。

　　第十九章讲无事的终极目标："以无事取天下"。突出取天下的路径不是武力，而是无事。当时的历史处境是春秋战国时期，诸侯争霸，天下大乱。《老子》是写给诸侯王的，提出取天下（得天下）的方案，不是武力统一天下，而是"以无事取天下"。各大诸侯都试图以武力称霸天下，而这又是不得人心的。老子认为，如果反其道而行之，以无事的方式停止战争，则更能得天下人之心，天下人自动归往。（《说文解字》："王，天下之归往也。"）"以奇用兵"是针对防御的，因为"不得以兵强于天下"。

第十九章的末句"是以圣人之言曰：我无事而民自富，我无为而民自化，我好静而民自正，我欲不欲而民自朴"，是对整个外王篇内容的概括（老子在外王篇先后讲了四个专题：欲不欲、好静、无为、无事，但在第十九章末句概括时却是逆序概括：无事、无为、好静、欲不欲。这是因为第十九章讲的是无事："以无事取天下。"而末句又是顺着无事专题接的，所以在概括外王篇时直接从无事开始：无事、无为、好静、欲不欲）。要实现民自富、民自化、民自正、民自朴的自由自治社会，需要圣人无事、无为、好静、不欲。"圣人无事而民自富，圣人无为而民自化，圣人好静而民自正，圣人欲不欲而民自朴。"阐发的是圣人与民的关系，突出民本思想。老子讲了一个深刻的道理，天下的无道、混乱，其责任在执政者而不在民。

本 章 小 结

楚简本《老子》甲本共五组竹简。上篇共三组，总纲道和人法天地专题是两组①，人法自然和人法道是一组（竹简原顺序是人法自然的内容在人法道的内容之前，笔者做了顺序互换调整）；下篇共两组，圣人不欲、圣人好静、圣人无为三个专题是一组，圣人无事专题是一组。

楚简本《老子》甲本具有完整的结构，这一脉络结构可以用四句"口诀"概括：道在内圣与外王，人法天地自然道，圣人不欲与好静，圣人无为与无事。道在内圣与外王，是整体结构的两大层次。人法天地、自然、道，是内圣（成为圣人）的路径：人法天地、人法道、人法自然。圣人不欲与好静，圣人无为与无事，是外王（圣人治世）

① 实际这两组是一组，之所以作为两组，"天地之间"一章正好抄写到竹简末尾，而"至虚，亘也"一章从简头开始抄写，竹简散乱后，拼连时就当成了两组。"至虚，亘也"一章很简短的内容单独作为一组，显然是不符合常理的。楚简本《老子》甲拼连成五组，实际是四组。

的路径：圣人不欲、圣人好静、圣人无为、圣人无事。

内圣篇里论述的人法天地、人法道、人法自然，阐发的是"天"与人的关系，主张人法"天"（广义的天，包括天地、道、自然），突出的是天人合一的思想。外王篇论述的圣人不欲（民自朴）、圣人好静（民自正）、圣人无为（民自化）、圣人无事（民自富），阐发的是官民关系，理想的官民关系是圣人与民的关系，突出的是民本思想（"天"人关系讲的是我它关系："人法地……"，属于非主体间性；官民关系讲的是我他关系："我无事而民自富……"，属于主体间性）。内圣是修身（做人），是要超越世俗性，对精神性的成全；外王是治世（做事），是要超越小我（一己之私），对大我的成全（公天下）。楚简本《老子》甲本具有完整结构秩序，老子是第一个明确把内圣外王之道作为一个完整体系来建构的思想家，内圣外王之道确实是中华文化的一个重要的思维范式。

老子讲内圣外王与孔子讲内圣外王是不同的。老子在内圣里突出了自然（本然），在外王里突出了无为（老子用5个章节集中论述无为，是内容最多的一个专题），自然和无为都是老子的独特性。孔子偶尔也有自然和无为的意蕴，但所占的权重非常少。老子、孔子都涉及天人关系，其角度也是不同的。老子主张法"天"，而孔子主张敬天（畏天）。法"天"主要突出的是人的主体性，而敬天主要突出天的意志色彩与神秘色彩。

楚简本《老子》甲本是一个完整的思想体系，应为老子本人的原著或为老子元经。谭宝刚在其博士学位论文《老子及其遗著研究》①的摘要里也认为，楚简本《老子》甲本十九章是老子原著，给出的理由是，唐代陆德明认为老子"为喜著书十九篇"。如果楚简本《老子》甲本是老子元经，其他内容为老子以外的老子学派内容，那么楚简本《老子》甲本的地位要高于其他内容。高华平认为只有分出经与传注，"才能给郭店楚简《老子》书写于三组长短不同竹策的事实，以一个合理的解释"②。高华平还"通过考察郭店楚简《老子》的内容和文体特征，认为郭店《老子》文本显示《老子》一书原是经、传（"解说文"）的混合体；郭店《老子》甲组属'经文'，乙、丙二组属

---

① 谭宝刚．老子及其遗著研究［M］．成都：巴蜀书社，2009．

② 高华平．对郭店楚简《老子》的再认识［J］．江汉论坛，2006（4）：96．

'解说文'。"①"在先秦时期……经、传一并流传，这种情况十分普遍。现今传世的先秦诸子文本，有些人们已无法分辨出经、传，有些文本却因为明确标示了经、解、说字样，而仍能使人一目了然。如《墨子》中有经有说，《管子》中既有《形势》《版法》《明法》诸篇，又有《形势解》《版法解》《明法解》等解说文，皆是其例。"②高华平认为，《太一生水》不是五千言《道德经》的内容，又与楚简本《老子》丙本连接在一起，也说明楚简本《老子》丙本是传、注的性质③（周凤五、高华平的共同认识，是楚简本《老子》甲本与乙本、丙本不是同一本书，且甲本的地位高于乙本、丙本。如果是同一本书，而用不同的竹简形制则不符合古人惯例）。楚简本《老子》甲与楚简《老子》丙本有一章是重复的（"为之者败之"一章），这是因为虽是同一章，但内容有差异，比如甲本是"教不教"，而丙本是"学不学"等，即这一章有不同的版本的流传，

---

① 高华平．对郭店楚简《老子》的再认识［J］．江汉论坛，2006（4）：93．

② 同上，95。

③ 同上，94。

于是抄写者重新抄了一次，作为附录（该章竹简独立作为一组，是作为附录的一个证据）。

有学者认为楚简本《老子》为摘抄本，但楚简本《老子》甲本是一个完整的思想体系，章与章之间的先后顺序是按照思想脉络顺序展开的，行文一气呵成，如果是摘抄本，恐怕没有这么巧合，同时也没有证据证明老子本人写了数千言的内容。有学者认为，有的内容在楚简本《老子》之前就有，但不见于楚简本《老子》，因而楚简本《老子》（包括楚简本《老子》甲本）必然是摘抄本，比如《说苑》一书提到叔向引用老聃的话——"天下之至柔"。对此，木斋教授对《说苑》的引用进行了质疑，"《说苑》所载叔向的话语，不能证明确为叔向所言，而要研究所引出处之著作的时间,《说苑》为杂史小说集，二不可信"。①其实叔向引用的老聃内容在楚简本《老子》前，也不能证明楚简本《老子》为摘抄本，因为虽然楚简本《老子》传抄本在叔向之后，但尤其是楚简本《老子》甲本的原本可能在叔向引用之前。另外，叔向引几句老聃语录，并不能

① 木斋. 先秦文学演变史［M］. 北京：人民出版社，2019：255.

证明有五千言《老子》成书。

五千言《道德经》应为老子学派的文集，是逐步完成并定稿的。楚简本《老子》甲本系一人所作，而五千言《道德经》是历经几百年时间由多人所作（高华平根据先秦文献对《老子》的引用情况，认为五千言《道德经》定稿于秦代统一文字的时期，由李斯完成 ① ）。我们看到的《庄子》《韩非子》等各种文本引用的老子言论，有的却在楚简本《老子》甲本里看不到，那么这些言论引用的老子实际就是老子学派。而且《庄子》《韩非子》等成书时间也比较晚，也在楚简本《老子》之后。五千言《道德经》和《管子》《墨子》《庄子》等类似，都是学派的文集。《管子》是管子学派的文集，《墨子》是墨子学派的文集，《庄子》是庄子学派的文集。余嘉锡明确提出诸子乃后世文集，吕思勉提出诸子之题实为学派之名。池田知久提到，"通过极其细致甚至琐碎的比较与分析，我在提供大量证据的基础上，自信可以提出以下结论，即郭店《老子》本先出，是施加影响的本子，马王堆《老子》甲本、

---

① 高华平. 先秦《老子》文本的演变：由《韩非子》等战国著作中的《老子》引文来考察 [J]. 中州学刊，2019（10）：107.

乙本及通行本后出，是接受影响的文本。"[1] 朱大星提到，
"五千文本与汉帛本都是在楚简本或与楚简本相似的其他
《老子》传本基础上形成的。"[2] 郭沂认为郭店《老子》皆
为老聃所著。[3] 有不少学者从五千言《道德经》的用词变
迁上也进行了论证，比如五千言《道德经》有的用词是战
国时期的特点。军事史领域注意到，五千言《老子》里的
"三十辐共一毂"是战国时期车的形制。楚简本《老子》
乙本和楚简本《老子》丙本的内容不同于楚简本《老子》
甲本，且在时序上又晚于楚简本《老子》甲本，也说明内
容在不断增加，五千言《道德经》是在老子原著基础上逐
步增改完成的，而在秦汉时期重建经典时得以定稿，形成
传世本五千言《道德经》。五千言《道德经》里有的内容
可能是宗教思想混入，比如鬼神的思想、无欲的思想，以
及玄虚的内容；有的内容是其他经典的混入，"谷神不死"

---

① 池田知久. 出土资料研究同样需要"古史辨"学派的科学精
神：池田知久教授访谈录 [J]. 文史哲，2006（4）：23.

② 朱大星. 敦煌本《老子》研究 [M]. 北京：中华书局，2007：
338.

③ 郭沂. 郭店竹简与先秦学术思想 [M]. 上海：上海教育出版
社，2001：49-100.

章，《列子·天瑞篇》引用此章内容时，说是出自《黄帝书》；还有的内容可能是在秦汉重建经典时，无意或有意的"改造"所致。秦汉重建经典，一方面由于原始经典不详，另一方面是当时意识形态的取舍需要，都必然造成秦汉重建的经典与原始经典的不符。熊铁基先生也关注过《老子》被改造的问题，"笔者想重申和强调多年来的一个看法：随着考古事业的发展，如同战国时期出土的楚简《老子》那样，先秦的《老子》也可能与流传至今的《老子》不太相同，甚至很不一样，那是因为汉人对先秦典籍进行过多方面的改造"①。胡适也提到，"此书（五千言《道德经》）有许多重复的话和许多无理的话，大概不免有后人妄加妄改的所在"②。

从楚简本《老子》甲本到五千言《道德经》，主要体现在四个方面的流变性。一是从自洽结构到散漫的学派文集。楚简本《老子》甲本是一个自洽的结构，由于后学内

---

① 熊铁基. 抱道持身，履践三宝：如何解读《老子》第67章及其他［J］. 哲学研究，2017（12）：58.

② 胡适. 中国古代哲学史［M］. 上海：上海古籍出版社，2013：32.

容参与，重新编撰而导致原结构散乱，形成散漫的学派文集。二是从道论到道德论。楚简本《老子》甲本论道不论德（只有一处提到德），楚简本《老子》甲本本身是一个完整的结构体系；而楚简本《老子》乙本提到了 10 次德，到五千言《道德经》形成了"道·德论"，"道生之，德畜之""万物莫不尊道而贵德"。三是从解构仁义到批判仁义。楚简本《老子》甲本虽不批判仁义（无"绝仁弃义"，而是"绝伪弃虑"），但突出无为学说对仁义有解构。楚简本《老子》丙本则开始批判仁义："大道废，安有仁义。"五千言《道德经》则激烈批判仁义，改"绝伪弃虑"为"绝仁弃义"；同时在楚简本《老子》甲本"天地之间……"一章里增加了"天地不仁／圣人不仁"的内容（楚简本《老子》甲本"天地之间……"一章无"天地不仁／圣人不仁"的内容，《文子》引用《老子》该章时也无"天地不仁／圣人不仁"的内容）。通行本《老子》里有"与善仁"，不能得出五千言《道德经》同时推崇仁，一则与"绝仁弃义"矛盾，二则赵孟頫书道德经作"与善人"，汉帛本《老子》里作"予善信／天"……。四是从有无并举到以无为本。楚简本《老子》甲中的有无并举是讲体用关系，以有为体："有庄昆成"，以无为用："道亘无为也""道亘无名"。五千言《道德经》以无为本："有生于无"，讲的是生成论（"道生一、一生二、二生三、三生万物"），是"以无为体"。

楚简本《老子》甲本作为完整的思想体系，是一本完整的著作。这一事实，可以重新审视一些传统共识。一般认为，老子的著作章节顺序散漫，章与章的顺序布局是跳跃的，而楚简本《老子》甲本思想体系完整。

第七章

体有用无

　　道是老子哲学的核心理念、逻辑起点，而道与有无的关系问题，以及有无与体用的关系问题，都关涉老子哲学的元问题。由于长期受到通行本《老子》的"天下万物生于有、有生于无"的影响，把单一的无作为道的内涵，导致无的地位高于有的地位，与"有无相生"的原文相悖，从而遮蔽了道作为有无同构的向度。由于长期受到通行本《老子》作为"道·德经"的影响（以及通行本《老子》的"道生之、德畜之""万物莫不尊道而贵德"的影响），把道作为体，德作为用，而遮蔽了道本身是道体与道用的二重性，导致有无问题与体用问题相割裂。笔者结合楚简本《老子》甲本的"天下之物生于有、生于无"等原文，重建并检讨这些流行观点，从而自洽理解老子哲学的有无与体用的关系——道作为有无同构的内涵、道作为道体之有与道用之无的有机统一（道体指向本原之道，道用具体指向治国之道）。

　　道是老子哲学的核心理念、逻辑起点，而道与有无的关系问题，以及有无与体用的关系问题，都是老子哲学的元问题。本章立足楚简本《老子》甲本的原文，重新对这些问题进行梳理，从而打开老子哲学元问题研究的新向度。

　　本章之所以把楚简本《老子》甲本作为一个整体考察，一是该本是迄今为止所见最早的《老子》文本，二是该本有完整的结构布局。李零认为楚简本《老子》甲本有层次结构，"此组分篇甚有理致，上篇……是以论述'天道'贵虚、贵柔、贵弱为主，下篇……是以论述'治道'无为为主，即以无为治国用兵取天下为主，似乎是按不同的主题而编录。"[①]笔者曾撰文提到，"出土于荆门郭店的战国楚简《老子》甲本，由五组竹简组成，对五组的组别顺序进行还原后，整本能呈现出一个完整的思想体系，这个体系依照内圣外王的脉络结构展开，章与章之间具有关联性，不同于五千言《道德经》的散漫顺序。内圣即成为圣人，外王即圣人治世。楚简本《老子》甲本内圣篇先后

---

　　① 李零. 郭店楚简校读记 [M]. 北京：中国人民出版社，2007：3-4.

论述人法天地、人法自然、人法道（依照第一章末句的
'人法地、地法天、天法道、道法自然'而展开）；外王
篇先后论述圣人欲不欲、圣人好静、圣人无为、圣人无事
（第十九章末句'是以圣人之言曰：我无事而民自富，我
无为而民自化，我好静而民自正，我欲不欲而民自朴'对
其进行总结）。"①

第一节　有无同构：道的内涵

道的本义是路，这在文字学领域已取得基本共识。吴
澄在《道德真经注》里注"道可道，非常道"一句的首字
道时，也同样提到"道，犹路也"。路有时直接叫作道，
如给盲人留的路叫作"盲道"。那么道的本义"路"与形
上的哲学义之间有何关联性呢？当门卫问访客"你从哪里
来，到哪里去"，这涉及本义路的问题。而哲学家问"人

---

① 李健. 内圣外王：《郭店老子甲本》的结构秩序［J］. 荆楚学
刊，2018（2）：5.

从哪里来，到哪里去"，问的也是路，但这是哲学意义上的形上之路。"人从哪里来"是本原之路（体），"人到哪里去"是价值之路（用），所以老子用道（路）表达这种形上之路（生活中说要走正道，不要把路走错了，涉及价值之道）。

老子把道作为最高的理念，那么道最根本的性质是什么呢？这就涉及有无的问题。除了道的概念之外，有无的概念最为根本。不论是古代的王弼（"贵无论"），还是近代以来今人的学者，在有无问题上大都把无作为道的唯一规定性。"从战国直到现在，垂直的解释（强调'有生于无'，道就是无）占了上风。"[①]胡适是把道等同于无的，"老子所说的无与道简直是一样的。……可见道即是无，无即是道。"[②]郑开认为，"……道只能从无的角度予以把握和理解……"[③]把无作为道的唯一规定性，会造成原文

---

① 张祥龙. 有无之辨和对老子道的偏斜：从郭店楚简《老子》甲本"天下之物生于有/无"章谈起［J］. 中国哲学史，2010（3）：63.

② 胡适. 中国古代哲学史［M］. 上海：上海古籍出版社，2013：38.

③ 郑开. 中国哲学语境中的本体论与形而上学［J］. 哲学研究，2018（1）：84.

的矛盾。我们知道，老子还有"有无相生"的原文，在这里有和无是并列的，是相互依存的关系。之所以容易忽视有无并列的"有无相生"之原文表述，是因为在通行本《老子》中有"天下万物生于有、有生于无"的原文，从而依据于"有生于无"而确立无高于有的地位，进而认为无是道的内涵。

而楚简本《老子》甲本不同于通行本《老子》的"天下万物生于有、有生于无"，而是"天下之物生于有、生于无"，这是一个非常宝贵的信息。也就是楚简本《老子》甲本不是"有生于无"，而是"生于有、生于无"，把有、无并列，就与"有无相生"不矛盾了，且相互验证。

当然，从楚简本《老子》甲本的"天下之物生于有、生于无"，到通行本《老子》的"天下万物生于有、有生于无"，也可能仅仅是修辞的变化，而不是义理的变化。我们仍然可以尝试从修辞的角度还原"天下万物生于有、有生于无"所表达的不是"有生于无"，而是有无并列的可能性。在老子文本中，有类似于成语接龙的句子，后一句的尾字接前一句的首字，达到一气贯注的语音节奏效果，类似于顶针修辞。例如，"强为之名曰'大'，大曰逝、逝曰远、远曰反”，实际含义是“强为之名曰‘大’，曰逝、曰远、曰反”。同理，“天下万物生于有、有生于无”，实际含义是“天下万物生于有、生于无”，即“有生于无”的“有”实际是为了接前边的尾字，而无实际含义，犹如“逝曰远”的“逝”是为了接前边的尾字。如是，则通行本《老子》的“天下万物生于有、有生于无”和楚简本《老子》甲本的“天下之物生于有、生于无”含义是一致的（通行本《老子》是“天下万物”，而王弼在注中却是“天下之物”，可能通行本《老子》原文也是“天下之物”，正好与楚简本《老子》甲本一致）。类似的修辞使用还有“道生一，一生二，二生三，三生万物”，可以还原为“道生一，生二，生三，生万物”。是道生万物，不是三生万物，道生万物是道家的共识理念，《文子·自然》里也有“道生万物”的原文。

综上，把单一的无作为道的内涵，会导致与“有无相生”的原文相矛盾。依据楚简本《老子》甲本的“天下之物生于有、生于无”的原文，有无同构才是道的内涵，并与“有无相生”的原文验证。

第二节　体有用无: 道的体用关系

　　由于楚简本《老子》甲本是"天下之物生于有、生于无",部分学者也认同有无同构作为道的内涵,而不是单一把无作为道的内涵。陈鼓应也提到,"有、无关系是对等的"①,注意到了有无的对等关系,有无同作为道的内涵。但也提到,"有、无关系是对等的,是用以指称道体之一体两面。"②在讲体用关系时,陈鼓应认同王弼的"以无为本,以无为用"的观点,"至于体用观方面,老子隐含性地提出道的体、用问题,其后由王弼加以显题化,而提出'以无为本、以无为用'等重要命题"。③陈鼓应一方面认为有无一体作为道体,一方面又认同王弼单一的以无为体,是相互矛盾的。张祥龙也关注到有无同构的问题,"楚简本《老子》甲却将通行本第四十章的垂直表述变为了水平表述,让人看到《老子》道论的更古朴也更内

---

　　①　陈鼓应. 老子新论 [M]. 北京: 中华书局, 2015: 95.

　　②　同上。

　　③　同上, 172。

在一致的结构。"① 但未揭示出有、无与道的体用关系。

其实楚简本《老子》甲本明示了有无与道体道用的关系。"天下之物生于有、生于无"在楚简本《老子》甲本的完整章节内容是："反也者，道动也；弱也者，道之用也。天下之物生于有、生于无"。在这一章中，"反也者，道动也；弱也者，道之用也"与"天下之物生于有、生于无"正好是对应关系。"生于有"对应的是"反也者，道动也"，"生于无"对应的是"弱也者，道之用也"。"反也者，道动也"讲的是道体，本原之道（反是指向道体的，因为老子在表述本原之道时，就用到了反，"字之曰'道'，强为之名曰'大'。大曰逝，逝曰远，远曰反"）。"弱也者，道之用也"，直接有"道之用"的原文，讲的是道用，具体表现为柔弱（通行本里的"无之以为用"也是把无作为用，与此一致。通行本有原文"有之以为利，无之以为用"，这里的有无关系也说明通行本其实并没有把无作为体）。也就是有是道体，无是道用，道是道体之有与道用之无的有机统一。

---

① 张祥龙. 有无之辨和对老子道的偏斜：从郭店楚简《老子》甲本"天下之物生于有／无"章谈起 [J]. 中国哲学史，2010（3）：63.

"天下之物"，指天下之人。这有两方面的证据，一是"天下"是政治概念（比如老子还讲"以无事取天下"，《大学》讲平天下），"天下之物"所指向的是天下之人。二是物指人。比如老子讲"侯王能守之，而万物将自化"，这里万物是万民，在讲人，"万物将自化"也就是万民将自化，所以还有"我无为而民自化"的原文。通行本里的"物或恶之"的物具有价值判断能力，也是指人。"天下之物生于有、生于无"，是说天下之人既生于道体，也生于道用。当时没有使用人，而是用物，是因为当时社会分出了人和民，人是有一定身份地位的群体，民是无身份地位的民众（万物）。有学者也考究过，《论语》中的人，是指上位者、君子，也是有一定身份地位的群体，"《论语》中，'人'字共出现了114次，它多意指上位者、君子"。①

"反也者，道动也"讲的是道体之有，道体的特征之一表现为道动：反（道体有四大特征：大、逝、远、反），说明老子的本原之道不是静止不变的，而是运动的、变化

① 唐代兴，唐梵凌. 孔子民本思想的返本开新［J］. 哲学研究，2017（11）：60.

的，道动的思想应该是受到了周易变化观念的影响。"弱也者，道之用也"，讲的是道用之无，道用的特征是弱，也就是柔弱。老子把无作为道用，推崇无为而治、无事安民等，而这些理念正好是柔弱治国之道。

"有"指向道体，"无"指向道用，除了在楚简本《老子》甲本的"反也者，道动也；弱也者，道之用也。天下之物生于有、生于无"这一章里找到对应关系，我们还能看到相关的原文证据。老子在讲"先天地生"的道体（本原之道）时，他用的是有，而不是无，楚简本《老子》甲本的是"有庄昆成"（据李零调整的楚简本《老子》甲本的顺序，且"有庄昆成"在首章首句，开篇第一个字就是"有"），通行本是"有物混成"。道体"先天地生"，是一种对象存在，它必然属于有，而不能属于无。董平也注意到，道作为本原，"本原本身必定是有，而不是纯粹的无。老子说……有象、有物、有精、有信，无论何种解释……都是有而非无"。[①] 希腊哲学讲本体论时，也是以有为起点，而不是以无为起点，本体论

----

① 董平. 老子研读 [M]. 北京：中华书局，2015：19.

即存有论、万有论、是论。老子在谈论道用时，则指向
了无，如无为、无名、无事、无欲（欲不欲）等。这些
无的要素，都是治国范畴，有价值维度的意义，而不是
作为道体范畴。老子是通过讲治国讲道用，老子是讲给
侯王的，不是讲给大众的。"有庄昆成"中的"有"指向
道体，"道亘无为""道亘无名"中的"无"指向的是道
用，道是道体之有和道用之无的有机统一，也就是本原
之道与治国之道的有机统一。"道亘无为"中的道，不
少人都会误解为是道体，是本原之道，这忽视了一个常
识，那就是"无为是指向治国的"："无为而治"，治国
属于道用，不是道体。"道亘无名"中的道，同样不是
指向道体，而是指向道用，因为无名是不追求名位，是
对"名教"异化的修正，所以老子进一步提出"不可得而
贵，不可得而贱"。其实王弼也注意到这一点，在注"始
制有名"时提到，"始制，谓朴散始为官长也。始制官长，
不可不立名位以定尊卑，故始制有名也。"（王弼《老子
道德经注》第三十二章）有名是有名位，无名则是超越
名位。

不少学者受到通行本的影响，主张道为体、德为用的

道体德用说。陈鼓应也有同样的主张,"道和德的关系是合二为一的,老子以体和用的发展说明道和德的关系。"①之所以有这样的观点,与通行本的一些原文有关,例如"道生之,德畜之","万物莫不尊道而贵德",加之通行本又名《道德经》,体现了道与德的主概念,既论道也论德。但把道作为体,德作为用,是与原文有悖论的。例如,作为"先天地生"的道,是道体这没问题。但即使在通行本里也还有道作为用的原文,如"天下有道,却走马以粪。天下无道,戎马生于郊",这里的道是治国之道,它属于道用的范畴。"天下无道",是指天下无道义,是治国之道,作为本原之道的道体不存在"无道"的问题。如果推崇道体德用说,会把道用维度给遮蔽,而道是道体和道用的有机统一。楚简本《老子》甲本里分出了道体之有与道用之无,用道来统摄本原之道与治国之道,没有把德作为重要的概念。楚简《老子》甲本仅有一处提到了德,"含德之厚者,比于赤子",而不像通行本一样较大篇幅论德,所以不能把德作为楚简本《老子》甲本的主要概念。楚简

---

① 陈鼓应. 老子新论 [M]. 北京:中华书局,2015:95.

本《老子》甲本论道不论德，是一部纯粹的"道"经，而这里的道统摄了道体之有和道用之无，是一部自洽的完整著作。

综上，有指向道体（如"有庄昆成"），是本原之道；无指向道用（如"道亘无为""道亘无名"），具体表现为治国之道（无，具体指无为、无名、无事等）。老子的道是道体之有和道用之无的有机统一（也就是本原之道与治国之道的有机统一），也同时把有无问题与体用问题关联了起来，有是体，无是用。楚简本《老子》甲本论道不论德，是"有"为体、"无"为用的自洽系统。楚简本《老子》甲本不是"有生于无"，也无"道生一、一生二、二生三、三生万物"一句，这不同于通行本《老子》的生成论思想。

本 章 小 结

楚简本《老子》甲本的"天下之物生于有、生于无"与"有无相生"确立了有无同构的道的内涵。有是道体，无是道用，道是道体之有与道用之无的有机统一，也同时把有无问题与体用问题关联起来。道为体、德为用的道体德用说在学界也有较大共识，这忽视了道不仅是体，也是用，本原之道与治国之道是有机统一的。楚简本《老子》甲本论道不论德，是"有"为体"无"为用的自洽系统。

老子哲学是道体之有和道用之无的有机统一，有无统一于道，但有和无却是对立的，也就是道体和道用并不是一致的，而是相反的。这不同于王弼的"以无为体，以无为用"的体用一源论，王弼把体和用都归为同一要素。老子的体为有，用为无，反而走出了本体与价值一致性的误区，这正是老子超越性的地方。价值不同于本体，这正是哲学的进步之处，所以休谟、康德等人对西方传统哲学本体推导出价值的做法予以了质疑，从而认为本体并不能推导出价值。实然（是什么）和应然（应该是什么）是两个不同的领域。刘笑敢在《老子古今》里，在解读通行本第四十二章时，专门提出了问题："道：实然或应然？"①；

---

① 刘笑敢. 老子古今［M］. 北京：中国社会科学出版社，2006：470.

在解读通行本第七章时认为，"实然与应然之一体"①。忽视了道体和道用的差异性，导致逻辑上的困境，因为实然和应然是相反的。楚简本《老子》甲本还在文字的书写上对道体与道用进行了区分，据高华平考究，"（郭店楚简）凡书写者认为属于'天道'概念范围的，就都使用'道'字；凡书写者认为属于'人道'范围的，就都使用'（彳人亍）'字"②，高华平说的天道实际就是道体，人道就是道用（李零对楚简本《老子》甲本的顺序进行了调整，认为上篇论天道，下篇论治道，治道属于人道。而上篇里都是道，"（彳人亍）"则都在下篇。高华平与李零形成了互证）。由此看来，老子对道体道用是有分疏的，而不是实然与应然的混用，这也体现出老子逻辑的清晰性。当然，楚简本《老子》甲本有道与"（彳人亍）"的区别，说明有天道与人道的区分传统，具体在传抄过程中可能没有严格去对应。

---

① 刘笑敢. 老子古今 [M]. 北京：中国社会科学出版社，2006：171.

② 高华平. 郭店楚简中的道与"彳人亍"[J]. 哲学研究，2009（5）：84.

道恒自然

近些年学界掀起了一股"道家自然哲学"研究热，成果丰硕。但在老子"自然"哲学研究方面，通常在共时性地对待《老子》文本。如果从简、帛、通行本的文本历时性差异来看，老子"自然"思想不是静态的，它是发展的。所见最早的《老子》文本——楚简本《老子》甲本提出的两次自然分为天道自然（"道法自然"）与治道自然（"是故圣人能辅万物之自然，而弗能为"）两个层面。通行本《老子》所增加"自然"，是对楚简本《老子》甲本的具体深化。增加的"道之尊，德之贵，夫莫之命而常自然"属于天道自然，是进一步明确"道法自然"，即道"常自然"，汉帛本是"恒自然"，亦即道"恒自然"。道"恒自然"表达为"道法自然"是修辞需要，为了整句（"人法地、地法天、天法道、道法自然"）的句式统一。在《尔雅·释诂》里，法与恒、常作为邻列，是义通的同义词。"道法自然"作道"恒自然"，可以避开对"道法"之"法"的无谓争论，并克服"道法自然"的诠释困境。"恒自然"是道的本体性，它是先在的，也是无意志的，它不支配万物（"夫莫之命"）。"道法自然"（道"恒自然"）与"道恒无为"是同一的，"道法自然"（道"恒自然"）是肯定性表达，"道恒无为"是否定性表达。

如何克服"道法自然"的诠释困境，以及打通道、自然、无为的关系，是近些年道家学界力求解决的难题。在"道法自然"的诠释里，自然高于或低于道都会影响道的终极性，道与自然只能是同一性关系，作为同一性关系为何要表达为"道法自然"呢？这是本章的问题意识。本章基于简帛通行本《老子》的差异与演变，尝试理解"道法自然"本义，并打通道与自然、无为的关系。

第一节　楚简本《老子》甲本中的"天道自然" 与"治道自然"

关于"自然"语词，楚简本《老子》甲本中出现2次，乙本中没有出现，丙本出现2次（其中1次是甲本的异文），汉帛本《老子》甲、乙本各出现5次，通行本《老子》（以王弼本为代表）出现5次。汉帛本与通行本关于"自然"的内容基本一致，接下来讨论"自然"思想演变时，主要讨论楚简本与通行本的演变。

楚简本与通行本关于"自然"的原文如下——

楚简本《老子》甲本：

人法地、地法天、天法道、道法自然。

是故圣人能辅万物之自然，而弗能为。

楚简本《老子》丙本：

而百姓曰我自然也。

是以能辅万物之自然，而弗敢为。

通行本《老子》：

人法地，地法天，天法道，道法自然。（第二十五章）

以辅万物之自然，而不敢为。（第六十四章）

百姓皆谓我自然。（第十七章）

道之尊，德之贵，夫莫之命而常自然。（第五十一章）

希言自然。（第二十三章）

楚简本《老子》甲本不仅时间早于他本，且文本地位也高于他本。周凤五根据楚简本《老子》甲本与乙、丙本竹简形制不同（甲本竹简长度比乙、丙本长，且甲本两头为梯形，乙、丙本两头为平行），认为甲本是经，乙、丙本是传[1]；高华平根据甲本与乙、丙本的内容和文体特征不同，认为甲本是经，乙、丙本是解说文。[2]周凤五与高华平想法一致，都认为甲本与他本是经与后学的关系。竹简形制不同，通常是不同的书，这在文献学里也是共识。郭店楚简整理专家彭浩曾说，"一般来说，用来抄写同一篇文章的竹简长度、形状及契口的高度都是一致的。《说文》云：'等，齐简也'。多年来发现的出土文献也证实了这一点。"[3]

　　楚简本《老子》甲本出现两次"自然"。"道法自然"是讲天道自然，"是故圣人能辅万物之自然，而弗能为"是讲治道自然。两处分别讲天道是什么，以及如何治理。"道法自然"的道是终极之道，属于天道范畴；"是故圣人

　　① 周凤五. 郭店竹简的形式特征及其分类意识 [M]. 郭店楚简国际学术研讨会论文集. 武汉：湖北人民出版社，2000：59.

　　② 高华平. 对郭店楚简《老子》的再认识 [J]. 江汉论坛，2016（4）：93.

　　③ 艾兰. 郭店老子：东西方学者的对话 [M]. 北京：学苑出版社，2002：36.

能辅万物之自然，而弗能为"是讨论执政者与民的关系，属于治道范畴。乙本晚于甲本，没有出现自然原文，但整篇是对治道自然的拓展。晚于甲本、乙本的丙本增加了"而百姓曰我自然也"，是讲治道自然，是对甲本"是故圣人能辅万物之自然，而弗能为"的进一步拓展：具体论述什么样的治理做到了"能辅万物之自然"，给出的理想形态是"大上，下知有之"（同时，政治合法性评价权在百姓，百姓认为"我自然"而未被执政者干预为有道的治理）。通行本《老子》增加了两次"自然"："道之尊，德之贵，夫莫之命而常自然"（第五十一章）是对天道自然的拓展，"希言自然"（第二十三章）是对治道自然的拓展。

楚简本《老子》丙本的"而百姓曰我自然也"所在章节被竹简整理小组编连在了丙本的首章位置，应不是巧合。该章提出"大上，下知有之"的最佳政治理想，执政者不干预民而民自然。社会无道的根源在统治者，"法物滋章，盗贼多有""绝巧弃利，盗贼无有"，通行本《老子》第三章有"不贵难得之货，使民不为盗"。民是否为盗，取决于统治者无道还是有道。丙本还把"大上，不知有之……"与"故大道废安，有仁义……"作为同一

章，"故大道废……"以"故"字承接前文内容（在汉
简本里，"大上，下知有之……"与"故大道废……"也
是作为同一章，"大道废"前也有一个"故"字。汉简本
分章优于通行本，通行本还把"谷神不死……"与"天
长地久……"作为两章，而"谷神不死……"的内容据
《列子·天瑞篇》是出自《黄帝书》，出于外书的内容独
立成章不妥，而汉简本把"谷神不死……"与"天长地
久……"作为同一章，可以理解为上半段为引用，下半段
为原文；且"不死"与"长久"相应，且上半段以"天
地之根"结尾，与下半段"天长地久"衔接）。丙本里划
分出四种治国层次，从高到低是"下知有之""亲而誉
之""畏之""侮之"。作为"大上"之最高层次，属于
法天道自然而治道自然："而百姓曰我自然也。"不去法
天道自然而治理，也就下降为"其次"的层面，"其次"
层面就是仁义治国等，后文进而提出"故大道废安，有
仁义……"。

　　楚简本《老子》丙本的"是以能辅万物之自然，而弗
敢为"与甲本的"是故圣人能辅万物之自然，而弗能为"
有所不同（丙本里少了主语圣人，这可以理解为主语的

省略，本句是接前一句"是以圣人欲不欲……"，前一句已经有主语圣人）。丙本把甲本的"弗能为"改为"弗敢为"，虽一字之差，却有较大的义理差异。刘笑敢认为甲本是最好的版本，"总之，虽然竹简甲本和通行本的区别不是很大，但是竹简甲本的文字更明确说明圣人'辅万物之自然，而弗能为'是主动的、自发的，不是被迫的，这更符合老子以自然为最高价值的基本思想。然而'无为'也是为了实现自然的秩序而主动采取的姿态，并不是'不敢'行动的托词"①，这是从圣人主动与被动角度做的文本优劣价值判断。也可以放下文本优劣之价值判断，从事实判断角度理解丙本为何要改为"弗敢为"。如果结合历史处境看就不难理解，甲本是战国中期的文本，而丙本是接近战国晚期的作品，丙本所处的时代社会更加纷乱，从"弗能为"改为"弗敢为"应体现出作者对统治者收敛权力、敬畏天道的迫切期待。同一章内容里甲本与丙本的不同，并非因为它们有不同的祖本，而是因为义理随时间不同、历史处境不同而产生了历时性演变。

---

① 刘笑敢. 老子古今 [M]. 北京：中国社会科学出版社，2006：650.

通行本《老子》里增加的"道之尊，德之贵，夫莫之命而常自然"同样属于天道自然，进一步明确了"道法自然"即道"常自然"，"常自然"是道的本体性，它是先在的，不支配万物（"夫莫之命"），不强加意志于万物。关于"道法自然"即道"常自然"（"恒自然"），后文将详细论述，暂不具体展开。

通行本《老子》里增加的"希言自然"属于治道自然，这是对"是故圣人能辅万物之自然，而弗能为"的具体展开。罗祥相也认为"'希言自然'，是无为的'圣人'之自然"①。有学者注意到，"希言自然"一章里，举天地飘风骤雨例子而言"天地尚不久，而况于人乎"，也说明"希言自然"是针对人。"希言自然"针对特定对象——统治者，理想的统治者——圣人做到了这一点："是以圣人处无为之事，行不言之教"。老子反对统治者垄断道德的制定与判断标准，并对民灌输道德教化，这样的道德必然成为统治工具，道德应还给民间。但在通行本里还有"非以明民，将以愚之""使民无知无欲""使民复结绳而用之"

---

① 　罗祥相. 论老子"自然"思想的逻辑展开［J］. 哲学研究，2020（2）：47.

等有争议的内容（有的认为富有"愚民"色彩），而郭店《老子》里正好没有，可以理解为后学或秦汉统治者置入。

楚简本《老子》甲本由五组竹简构成，有两个分篇符号，分为上下篇。当时的整理小组专家是临时将其拼接的，没有注意到上下篇的内在关联。李零根据分篇符号以及思想义理对五组竹简重新进行了拼联，重新拼联的顺序更有结构秩序：上篇主要论天道，下篇主要论治道。[①]而"人法地、地法天、天法道、道法自然"一句出自上篇（且为首章），这里的"道法自然"是言天道；"是故圣人能辅万物之自然，而弗能为"出自下篇，正好也属于治道范畴。

罗祥相认为"老子的'自然'存在着'四种主体，五个层级'"。[②]但从根本上看，是天道自然与治道自然两类。而且天道自然与治道自然就是体用关系，天道自然是治道自然的依据，而治道自然是天道自然的展开。有学者还把万物自然与百姓自然分为两个层次，把万物扩展到百姓以

① 李零. 郭店楚简校读记［M］. 北京：中国人民大学出版社，2007：3-4.

② 罗祥相. 论老子"自然"思想的逻辑展开［J］. 哲学研究，2020（2）：47.

外的动植物是一大误解。物有时也指人，这在文字学上是有依据的，在通行本《老子》文本里，"物或恶之"的物就是指人；老子既说"民自化"，也说"万物将自化"，且讲"万物将自化"时是与"侯王"对举，显然万物是人的范畴，而不包括动植物等。通行本《老子》第五十一章里有"万物莫不尊道而贵德"，显然这里的万物也是指人，动植物无所谓"尊道贵德"。王博曾在一个主题为《无的发现：从政治世界到天下万物》的学术讲座中提到："万物就是我们，而不是我们之外的存在物。"郭店《老子》甲乙本没有出现"百姓"一词，较晚的丙本才出现（"而百姓曰我自然也"），这时的"百姓"不是春秋早期的百官，而是民。为何有时用"百姓自然"，有时用"万物自然"，这是因为万物包括百姓之外的人，比如贵族。"圣人能辅万物之自然"是讲君王与天下人的关系，"而百姓皆曰我自然也"是讲君王与民的关系。通行本《老子》的五处自然其实已经包含在楚简本《老子》甲本两个层次的"自然"里。有学者把"道法自然"中的天道自然强行等同于万物之自然，从而认为自然不属于道，这是不恰当的，比如王博提出"无为显然是道和圣人或侯王的性质，自然的主语是万物或者百姓"。①

第二节 "道法自然"即道"恒自然"：汉帛本的意蕴

"道法自然"里的道是终极之道，具有本原地位。"道法自然"所在的章节在郭店《老子》里处于开篇地位（参见李零重新编排的顺序），首先交代了什么是道："有庄昆成，先天地生，悦穆，独立不改，可以为天下母，未知其名，字之曰道。""先天地生"确立了道的本原地位，道比天地更根本，天地的层级处于道之下。王中江把"道法自然"理解为"道遵循或顺应万物的自己如此"，② 间接动摇了道的终极地位；曹峰也有类似的观点，"道法自然的含

---

① 王博．权力的自我节制：对老子哲学的一种解读 [J]．哲学研究，2010（6）：49.

② 王中江．道与事物的自然：老子"道法自然"实义考论 [J]．哲学研究，2010（8）：42.

义，当理解为道以实现万物的自然为法则"。[①]王博、叶树勋等也有类似的看法，罗安宪则进行了反驳，"道本来就自然，万物本来也自然。道的自然是道的自然，万物的自然是万物的自然"。[②]儒家传统里天最本原，"先天地生"是对儒家天的地位的超越，用道代天是为了重新塑造话语模式，告别"天学"，开辟"道学"，道在老子这里成为一个全新的哲学概念。道作为本原，通行本《老子》进一步进行了抽象化表达："道生一，一生二，二生三，三生万物"（第四十二章），"道生万物"也就成为老子本原论的标志性表述，《文子·自然篇》明确使用了"道生万物"的命题表达。楚简本《老子》甲本开篇先"定义"什么是道，符合叙述常理。通行本《老子》以"道可道，非常道"开篇虽显得有些突然，但能看出通行本《老子》进一步提升了道论的抽象性。

　　理解道作为终极，对"道法自然"命题中道与自然的

---

①　曹峰. 从因循自然之性到道性自然："自然"成为哲学范畴的演变过程［J］. 哲学研究，2010（8）：42.

②　罗安宪. 论"自然"的两层排斥性意涵［J］. 哲学研究，2019（2）：71.

关系的理解就不会有太多瓶颈。道已经是终极，自然则不能作为终极，同时也不能把道之自然下降为"天地万物之自然"，"辅万物之自然"作为治道自然，只不过是法"道之自然"的结果。"道法自然"里，"道"与"自然"应在同一层面出现，两者是同一的。道作为终极，当然无所法，河上公注释为"道性自然，无所法也"也是合理的。河上公从"道性"的角度诠释，且明确"道性自然"，得"道法自然"的深意。罗安宪也提到，"道法自然，是道以自然为法，道本来只是自然，道法自然实际即道性自然"①，"道的本性就是自然"②。但河上公并没有解决为何"道法自然"可以写作"道性自然"。人文属于人的领域，不是"先天地生"，而是"后天地生"，道作为终极不可能作为人文自然，所以刘笑敢的"人文自然"③在"道法自然"一句的诠释里是有障碍的，"人文自然"只在治道领域有效。

---

① 罗安宪. 论"自然"的两层排斥性意涵［J］. 哲学研究，2019（2）：71.

② 同上。

③ 刘笑敢. 老子古今［M］. 北京：中国社会科学出版社，2006：72.

自然作为本来状态，也就是本然。"人法地，地法天，天法道，道法自然"，即人以地为法，地以天为法，天以道为法，道以自己的本来状态（本然）为法，即道无所法。人们通常疑惑的是：道既然无所法，为何不写作"道自然"，而写作"道法自然"呢？这在句式与修辞需要里其实不是问题。从修辞上表达为"人法地，地法天，天法道，道法自然"，句式统一，读起来朗朗上口。从义理上则是：人法地、地法天、天法道、道自然。通行本增加了天道自然："道之尊，德之贵，夫莫之命而常自然"，这里的"常自然"也就是道"常自然"，汉帛本是"恒自然"，亦即道"恒自然"（从"恒自然"到"常自然"系避讳刘恒帝所致，汉帛本《老子》的"道可道也，非恒道也"在通行本《老子》里变成了"道可道，非常道"）。"道法自然"即道"恒自然"（"常自然"）也有文字学的依据，在《尔雅·释诂》里，法、恒、常是邻列作为同义词，三者义通。"夫莫之命而常自然"，是针对"道之尊，德之贵"而言的，也就是针对道而言，"道之尊"是言道；"德之贵"中的"德"是玄德，也是言道（玄德指向道）。该章结尾"生而不有，为而不恃，长而不宰，是谓玄德"，这里的"玄德"显然就是指道，道不主宰万物。通行本《老子》第三十四章进一步证实不主宰万物之玄德就是道，"大道泛兮……衣养万物而不为主"。"夫莫之命而常自然"，突出了道之自然的根本特征，道不发动意志，道不干预万物。河上公注："道一不命召万物而常自然……"，也深得其意。汉帛本《老子》是"夫莫之爵"，与"夫莫之命"含义一致，即道无爵位（名位），同样意指不发动权力意志支配万物。"道法自然"即道"恒自然"，"恒自然"的恒意为恒常不变，表示稳定的属性，道恒常不变的稳定属性就是自然。道"恒自然"即道的本质属性是保持本然状态，不对万物进行支配。

在"人法地，地法天，天法道，道法自然"表达式里，人不只是法地，整句还蕴含着人法天、人法道、人法自然。"人法地"，而"地法天"，当然人也法天。人法天，而"天法道"，当然人也法道。人法道而"道法自然"（道"恒自然"），当然人也法自然。人法地法天，在通行本《老子》里有多处原文，例如"天地不仁，以万物为刍狗；圣人不仁，以百姓为刍狗"。"天地不仁""圣人不仁"，王弼注释为"圣人与天地合其德，以百姓为刍狗也"

（《王弼老子注》）。《文子·自然篇》也有人法天地的思想，"静而法天地""故能法天者……"。人法道其实是老子的重要思想，"道恒无为也"而"圣人处无为之事"，"（道）可以为天下母"而人"贵食母"，"天下有始（道），以为天下母……既知其子，复守其母"。人法自然，也就是人守住自身的本然状态："含德之厚者，比于赤子"，通行本《老子》还有"复归于婴儿""复归于朴"的原文。人法天道属于"以天为则"的思维方式。"以天为则"也是整个中国文化的思维方式，《论语·泰伯篇》里有"孔子曰……唯天唯大，唯尧则之"。《文子·符言篇》有"从天之则"。《鹖冠子》里有天则篇，提出"……天之则也"。老子的"以天为则"，主要是以道为则（人法道）。除了"以天为则"，老子还有"以史为鉴"的思维方式，例如提"古之善为道者"，通行本《老子》有"执古之道，以御今之有""能知古始，是谓道纪"。对现实的体察也是"以史为鉴"的一部分，例如老子看到当时诸侯争霸的无道争斗与战争，于是提出"以无事为天下""夫唯不争，故天下莫能与之争"。《汉书·艺文志》评道家，提到道家出自史官，且历记古今之道："道家者流，盖出于史官。历记成败、存亡、祸福、古今之道。"老子看到儒家传统礼乐文明的异化，对儒家的批评也是"以史为鉴"的内容。

过于强调"自然"，会导致反对一切"人为"，而文明都是人为的。老子对此也是关注的，因而老子进一步讲"知止"，既不能极端地走向自然主义，也不能极端地走向文明主义。文明主义在易学与儒学里都有警示，《易传》有"文明以止，人文也"，《大学》有"止于至善；知止而后能定……"。"知止"也是老子学说的重要思想之一，一共出现两次，且楚简本、汉帛本、通行本皆出现了两次。第一次是在身与名 / 货之间提出"知止不殆"（"名与身孰亲，身与货孰多"。汉简本优化了排序："身与名孰亲，身与货孰多"），内在生命与外在名利的主次平衡，这是老子的生命观。当然，贵身不只是修身，也是治国，这就是老子的身国同构思想："贵以身为天下，若可寄天下；爱以身为天下，若可托天下。"为何贵身 / 爱身于天下，可以寄托天下？这是因为贵身爱身，意味着不是贵名货，侯王贵名货则会发端权力意志，侵害百姓，与民争利。生命自身是目的，生命不是他者的手段，因而生命也不是政治工具。第二次是在"道常无名"与"始制有名"之间提出

"知止所以不殆"，自然与文明平衡，这是老子的文明观。"知止"的理念逐步被学人重视：钱逊曾编过大学中庸读本《明德知止》；强昱出版过专著《知止与照旷：庄学通幽》；以中国社会科学院中青年学者为骨干的"知止"中外经典读书会长期举办高质量的中外经典讲座。

老学批判儒家传统之仁义礼，也是通过回望"自然"对文明进行反思，最终通过"知止"原则在自然与文明之间找到适中的临界点。许抗生在《当代新道家》一书中提到，"老子提出了对治和克服中华礼义文明危机的思想。"①老子的自然与文明相对，以回望自然的方式达到克制文明异化。回望自然（"复归于朴"）是基于文明的反思，而不是复古主义与反文明。"复结绳而用之"在郭店《老子》里未出现，这类内容应为后学增加，把自然推向了极端，这会导致反智主义。回望自然时，其实有了应然性，这时的自然具有价值性。王博也认为，"'自然'应该从存在与

---

① 许抗生. 当代新道家[M]. 北京：社会科学文献出版社，2013：24.

价值两个方面进行理解。"① 林光华认为，"道的自然是无待的，人的自然是有待的，前者是实然概念，后者是应然概念。"②

第三节 "道法自然"（道"恒自然"）与"道恒无为"的关系

通行本"道常无为而无不为"（第三十七章）在楚简本里作"道恒无为也"，汉简本也作"道恒无为"（仅少一个虚词"也"字）。"道法自然"（道"恒自然"）是从肯定的角度言说道，"道恒无为"是从否定的角度言说道；"道法自然"是道体，"道恒无为"是道用。自然就是本然状态，道的本然状态意味着不发动意志即可支配万物（"夫莫之命恒自然"），而无为正是不发动意志。"为"的甲骨

① 王博. 然与自然：道家"自然"观念的再研究［J］. 哲学研究，2018（10）：54.

② 林光华. 无待自然与有待自然：《老子》之"自然"及其当代意义［J］. 人文杂志，2017（7）：1.

文是"爪象"，意为驯化大象，引申为人把自己的意志强加在大象身上，"无为"即不强制。

　　道是自然的，道不支配万物。圣人法道，则圣人不支配万物（百姓），这同样也就在法道之无为。在"圣人能辅万物之自然，而弗能为"里，"自然"与"无为"也是同一的，仅仅是有肯定性（"能辅万物之自然"）与否定性（"而弗能为"）之分。《庄子·缮性篇》说："莫之为而常自然"，无为（"莫之为"）就是自然。由此可见，无为即"辅万物之自然"。郑开也提到，"而'辅万物之自然'之后紧接着的一句'而不敢为也'（通行本），似乎表明了自然与无为两个概念的匹配关系"[1]；郑开还进一步提到，"从老子开始，自然和无为两个概念就呈现了很强的相关性"[2]。一般提到老子，就会联想到自然、无为。道不干预万物，圣人法道亦不干预万物，"是以圣人之言曰：我无事而民自富，我无为而民自化"。通行本《老子》把"其安易持……"与"为者败之……"的内容合成一章，应为后学混淆。有

---

　　① 　郑开. 道家的自然概念——从自然与无的关系角度分析［J］. 哲学动态，2019（2）：51.

　　② 　同上。

学者考据，在《韩非子·喻老》里，也是当作两章的内容对待。在楚简本、汉简本里，"其安易持……"与"为之者败之……"也是两章。"为之者败之"（以及通行本《老子》里提及"民之难治，以其上之有为"），说明无为之治是对有为之治的克制，正如郑开所说："《老子》针对的是'有为'，即诉诸'无为'来反思和批判'有为'，对社会、伦理、政治、文明和国家等予以辩证性的否定，用'无（为）'解构被认为是天经地义、不可置疑的价值"。[①] 自然是最高法则（道之法则），无为是把这种法则体现在侯王与民的关系之中，即侯王顺自然而不干预民，这是"推天道以明人事"的思维方式。

"无为"同样是老子的核心理念。《史记·太史公自序》评道家时，开头一句便提"道家无为，又曰无不为"。文史学者瀛生曾在点评明刊《老子》时写道："老子所言者，皆无为而治者，乃本然之理也。"（郭四维编次、李迎恩校梓明刊《老子》点校本）瀛生的点评也很高明，把"无为而治"与"本然之理"作同一性对待，本然即自然。通行

---

① 郑开. 道家的自然概念：从自然与无的关系角度分析 [J]. 哲学动态，2019（2）：54.

本《老子》中出现了 13 次无为，楚简《老子》甲本里，有 5 章提到无为，且有 4 章顺序是相连的（"无为故无败"章是论述无为的作用以及与自然的关系；"道恒无为也"章是论述无为作为道之原则；"为无为……是以圣人犹难之"章是明确无为的理想主体是圣人；"圣人处无为之事"章是论述圣人无为的具体内容）。"道恒无为"（汉简本《老子》也是"道恒无为"）在通行本《老子》里变成了"道常无为而无不为"，多了"无不为"，如刘笑敢所说，这是对无为的强调，"有利于突显'无为'的概念"。①"无为而无不为"和通行本《老子》第三章"为无为，则无不治"的含义是一致的。

"道恒无为"还具体表现为"道恒无名"，道是自然的，超越了名位。落地在治道中，老子反对等级名位之治，主张朴治（"道恒无名朴"）。楚简本"绝智弃辩"章里，弃绝智辩、伪虑、巧利之治，而推崇朴治："见素抱朴"。在治理上，这是王弼所说的"崇本而息末""镇之素朴，则无为而自化"（《王弼老子注》）。朴（相对于伪）是

---

①　刘笑敢. 老子古今［M］. 北京：中国社会科学出版社，2006：55.

道之自然的具体落地，道无名位（"道恒无名朴"），道不分高低贵贱，这是对儒家传统正名思想的解构，体现出老子的平等观：天道面前人人平等。老子强调朴治，与当时诸侯争霸的武力治理之历史处境有关；另外是对"礼乐文明危机的反思"（许抗生）。

本 章 小 结

老子把一切无道的根源归为执政者，尤其是侯王，这是由当时的精英政治结构所决定的。老子寄托于政治精英的觉悟，自觉顺应天道自然而削弱权力，期待"以无事取天下"止争诸侯争霸，但这只是一种建议与劝诫，最终是后来的秦王采取法家方案，武力统一天下，中央高度集权的秦制（专制集权）影响了中国两千多年。老子的方案虽然没有落地，但其提出的和平理念、执政者不强制民的民本理念是超越时代的。当然，从现代制度来看，约束执政者的权力不能只寄托于道德自觉："权力的自我节制"，这是不够的，需要有法治外力限制，把权力关在笼子里。如果权力没有真正被约束起来，同时又把老子说给执政者的话当作全民遵守的智慧，则会被统治者利用（比如"柔弱""不争"。"柔弱"是说侯王要柔治，"不争"是说侯王不要争霸，不与民争利），也就走不出"上有申韩，下有佛老""上诈而下愚"的死胡同。

　　无为作为"能辅万物之自然"，符合天道自然，不改变万物／百姓的本来状态，这在今天看来无为有自由色彩。老子充分尊重民的自主性，构建的理想社会是民自发自主的社会："是以圣人之言曰：我无事而民自富，我无为而民自化，我好静而民自正，我欲不欲而民自朴。"刘笑敢曾说："自化、自正、自富、自朴，都是没有外力干预的自发的情况，是百姓对自然自足的生活的憧憬和歌颂，是对无为而治的最好描述。"①

① 刘笑敢. 试论老子哲学的中心价值［J］. 中州学刊，1995
（2）：70.

附　录

附录 A　重估老子之道的两种诠释视域

——评陈金樑《道之二解：王弼与河上公〈老子〉注研究》①

　　《道之二解：王弼与河上公〈老子〉注研究》（以下简称《道之二解》：作者陈金樑教授、译者杨超逸博士）于2021年12月在西北大学出版社出版，该书系海外中国哲学研究译丛之一。《道之二解》作者陈金樑具有海外汉学学习与研究背景。现为中国香港中文大学利荣森中国文化教授。陈先生的研究视野广阔，涉及中国哲学和宗教、诠释学和批判理论。

　　本书的研究对象不是直接针对《老子》自身，也不是具体针对某一种《老子注》，而是对王弼《老子注》与河上公《老子注》的比较研究。《老子注》在老学史上可以

---

　　① 李健. 重估老子之道的两种诠释视域——评陈金樑《道之二解：王弼与河上公〈老子〉注研究》[J]. 名作欣赏，2019（5）：133-135.

说是汗牛充栋，但影响力最大的是王弼《老子注》与河上公《老子注》，"毫不夸张地说，后来的注释与这两部著作之间的接触不亚于与《老子》本身的接触"①，本书正是对这两种权威《老子注》进行比较，但未自始至终直接加以比较，而是先对王弼、河上公其人其注分别研究，最后再对两者的异同做深入比较。这样处理的优势是，通过本书还可以系统地分别了解两种注的各自成体系的知识。因而本书分为五章，分别是"第一章，王弼：生平与思想""王弼：无、理与理想圣人""河上公：传说与注释""河上公：宇宙论，治道，理想圣人""第五章，王弼与河上公对勘"。当然，在前四章的具体论题中，已经有比较的准备，虽独立论述，同样是在比较的问题意识下进行结构布局，比如第二章论述王弼思想与第四章论述河上公思想均有"理想圣人"的主题，且均涉及"道家"的文化结构。

陈金樑教授的问题意识明确，论证有理有据，材料丰富，结论可靠，因此《道之二解》可谓一本不可多得的老学研究经典之作。本书具有两大突出的亮点：一是采取科

---

① 陈金樑. 道之二解：王弼与河上公《老子》注研究 [M]. 西安：西北大学出版社，2021：4.

学考证与义理分析融合的研究思路。作者既有深厚的历史学、文献学功底，又有敏锐的思想诠释哲思洞见，尤其注重地上文献与地下文献的多方举证、互证，考证翔实，有理有据。二是通过二注原文对勘、比较辨析而提出全新观点，对过往共识观点进行反思与质疑。过往的共识认为王弼注与河上公注的根本区别是哲学与宗教的区别，而本书通过可靠辨析对此质疑，认为二注并非哲学与宗教的二元对立，而是具有共同的诠释思想基础，其区别仅仅是诠释方法的差异，王弼的诠释是病原性（原理性）的，河上公的诠释则是指称性（特定性）的，并特别指出河上公注的指称性系黄老特色的观点。

一、注重“考证与义理结合”的研究思路

作者在中译本序中交代，“本书代表了我对《道德经》解释史的第一次认真尝试”，“运用诠释学来理解中国哲学与中国思想史”。由于最终是比较王弼注与河上公注的诠释思想，因而决定了本书需要具有思想性。而王弼与河上公的诠释思想，又作为中国思想史的形式出现，这又决定了本书需要具有历史性。如果没有思想性，就不能成为中

国哲学；如果没有历史性，就不能保证学术的客观性。本书是对老子诠释史的比较研究，在实际研究中，正是把历史性与思想性进行了有机的融合。史思交融也是杨国荣先生极力倡导的思想研究方法，他著有专书《史与思》。当然，杨国荣先生主张的研究方法主要针对"作（创作）哲学"而言。

二注本身是在特定的历史时空中产生的，对王弼、河上公的生平与历史背景的考察就显得尤为重要，本书用专章讨论两位思想家的生平与历史背景，是有其自觉意识的。本书关注到二注具体思想与特定历史背景的关系，比如，作者说，"事实上王弼的《老子注》反映了他对官员任命问题的关切"[①]，"河上公对《老子》的理解根基于汉代流行的宇宙论"[②]。思想家在某些方面可能超越时空，但整体上任何一位思想家都在关切所在时代的现实问题，犹如老子之所以重视无为，胡适则认为是对当时有为政治的反动。思想家的思想有其时代痕迹，体现了对当下时代的关

[①] 陈金樑. 道之二解：王弼与河上公《老子注》研究 [M]. 西安：西北大学出版社，2021：37.

[②] 同上，206。

切，从而作为对现实改进的历史使命。思想家体现所在时代的烙印，这也是作为三大社会学家之一的马克思的唯物史观可以充分解释的：社会存在决定社会意识。当然同时也要注意，王弼思想具有特定性色彩，也并不影响他同时做出的普遍性思想建构，他是特定性与普遍性的统一。研究思想家的思想，切忌就思想论思想，只有放到具体历史处境中考察，同时依据可靠文献进行辨析，方能体现学术的客观性，否则会进入天马行空的玄思妙想。王弼和河上公在注《老子》时，也并非通常理解的不顾原意的"六经注我"，其实，"王弼与河上公都是谨慎的注者。对单字的诠释最能揭示这一点，因为没有一例过于偏僻或完全无理的。不能说他们仅仅以《老子》为跳板，利用其权威兜售自己的思想"①。学术首先是科研活动，学者是科研工作者，而非文艺创作者。思想也基于学问，基于客观性。本书重视科学考证，为本书的客观性打下了坚实基础。比如，作者认为"圣人以身教方式进行教化，这就是河上公对老子'不（无）言之教'思想的解释"，具体列出了多个章节的

---

① 陈金樑. 道之二解：王弼与河上公《老子》注研究［M］. 西安：西北大学出版社，2021：250.

证据，分别是第 2 章、第 43 章等。(《老子》第 2 章的"行不言之教"，河上公注为"以身帅导之也"；第 43 章的"不言之教"，河上公注为"法道不言，帅之以身"。)

作者特别重视传统文献与出土文献的交互使用，经常形成互证。在论述王弼、河上公其人其注时，也经常引用史学、文献学等文献，如涉及《史记》《汉书》《隋书》《王弼周易注》等，以及前人对相关研究的资源。同时注意新出土文献的互证，比如涉及马王堆帛书等文献，以帛书中的导引术与黄老的方术进行互证；以帛书《老子》的分章进一步断定学界对分章问题的讨论。

由于作者重视考据与义理分析并重，所以作者不只注重文献的考证，也重视思想概念的分析。在王弼的思想研究章节，作者细微辨析了王弼的无、理、体（本）、用、自然等概念；在河上公的思想研究章节，作者细微辨析了河上公的治道、治身、无为、圣人等概念。

二、提出"王、河二注的诠释差异在于病原性与指称性"的全新观点

本书作者的核心问题意识是，质疑把王弼注与河上公

注分别作为哲学思想与宗教思想的二元对立之流俗性共识观念，"我们应该放弃以下假设：在中国早期思想上，'宗教'与'哲学'之间存在尖锐而明确的区分"[①]，"以'哲学道家'与'宗教道家（教）'之争将两种注释对立起来，这其实是一种时代错位"[②]。笔者赞同作者的这一判断。其实在《老子》自身的文本里，也不是单一的哲学向度或宗教向度。道作为一种本原、法则、价值，具有哲学意蕴，这是较为有共识的说法。但道也不只是哲学意蕴，道同时有宗教特色。道作为"谷神"是"不死"的，"谷神"在周代是祭祀对象，是一种神灵。道还有拯救能力，"有罪以免"；道还有善恶奖惩功能，"天道无亲，常与善人""天网恢恢，疏而不失"。《老子》本身就有哲学与宗教多重向度，同样，"'哲学'与'宗教'之间的对立不适用于王弼与河上公"[③]。王弼不仅是哲学的，其实也有宗教向度。比如，王弼把"其中有信"的"信"注为"信验"，把"道

---

①　陈金樑. 道之二解：王弼与河上公《老子》注研究 [M]. 西安：西北大学出版社，2021：9.

②　同上，286。

③　同上，16。

者，万物之奥"的"奥"注为"庇荫"。河上公不仅是宗教的，其实也有哲学向度。比如，河上公把"道可道，非常道"解读为"经术政教之道，非自然长生之道"，意在区分出道体与道用。

值得一提的是，作者认为河上公注并非宗教性的定势刻画时，以扎实的考证得出河上公注其实更多具有黄老道家色彩。河上公强调身国同治具有黄老色彩，"河上公注中的'修身'与'治国'是等同的……治道与治身：（作为）黄老之维"①；河上公注重呼吸练习之方术，这同样是黄老之术，"《庄子》文本，似乎它所提到的呼吸练习并没有比河上公注本身提供更多的东西。我们在这里可以看到的是，河上公注与方士传统密切相关，而方士专长于这些技术，并成为黄老学派重要组成部分"②；河上公在注第 74 章时，与黄老刑名观念一致，"本质上与上一章讨论的'刑名'概念是一致的"③；作者还注意到，河上公作为

---

① 陈金樑. 道之二解：王弼与河上公《老子》注研究 [M]. 西安：西北大学出版社，2021：215.
② 同上，230。
③ 同上，237。

黄老学派与其时代特征相吻合，"黄老传统与河上公传说紧密相关，而东汉时期正与黄老传统相吻合"[①]。有诸多线索作为实证，于是作者判定：河上公注并非纯粹的宗教思想系统，其主基调反而是富有黄老色彩的关于治身治道的思想。作者认为王弼与河上公其实有更多共同的基础，"王弼与河上公共同基础的真正特征，是伦理与精神性的深刻统一"[②]。

在扎实的文献考证与清晰的思想辨析基础之上，作者对流俗性的哲学与宗教之二注对立进行超越，提出二注的根本差异并非思想性质的差异，而是诠释方法的差异。那就是：河上公注是指称性的诠释方法，王弼注是病原性的诠释方法。作者对这种诠释方法的分判给出了具体理由，"对河上公而言，意义总是'指称性'的，因为《老子》的意义需要在它所指的外部对象中寻得。另一方面，王弼注由另一个我称之为'病原性'的诠释学模型所引导。对王弼而言，《老子》的意义最终要在文本自身中找

[①] 陈金樑. 道之二解：王弼与河上公《老子》注研究 [M]. 西安：西北大学出版社，2021：187.

[②] 同上，271。

到，并且可以追溯到几个辩证相联的基本概念"①。王弼的诠释方法是病原性诠释方法，也就是王弼更注重从普遍性原理进行诠释，比如，作者注意到王弼使用了普遍性意蕴的"理"的概念并以（抽象的）"无"为本（体），还注意到王弼关注对文本的语言分析并进行经文的互引；河上公的诠释方法是指称性的诠释方法，也就是河上公更注重从特定性历史进行诠释，比如，作者注意到河上公更多从特殊性处境进行诠释而不轻易进行普遍化处理，河上公关于老子用的"吾""我"等都是老子本人具体的历史处境之观照。作者认为两者的区分同时也是理念主义者与现实主义者的区分，"从某种意义上，河上公是十足的'现实主义者'"②。也可以说王弼更注重哲学思辨（有概念系统），而河上公更注重实用智慧（有治身治国方案）。作者对王弼的诠释方法有充分的肯定，一是认为王弼对思想的普遍化处理"在中国思想史上开创了一种新的智性探究模

---

① 陈金樑．道之二解：王弼与河上公《老子》注研究［M］．西安：西北大学出版社，2021：16．

② 同上，283。

式"①；二是认为王弼重视语言并进行经文互引，与现代学术研究方法接近。

　　本书是一本优秀的佳作，但金无足赤，有些细节问题也值得商榷。比如，作者在讨论原初的王弼本分章问题时，认为"王弼注的原貌究竟如何，这归根到底只能是猜测"②，在具体引证时，似倾向于原初王弼本并不分章，"王弼本的文本没有理由必须符合于任何一种特定的格式。实际上，《道藏》本的王弼注甚至分为四卷，并且它没有分章"③。事实上，王弼本是明确有分章的，最可靠的证据就是第 31 章整章没有注，如果王弼本没有分章，不可能王弼的没有注的部分正好是第 31 章的全文。瑕不掩瑜，正如老子说的"大成若缺"，个别细节可商榷，不影响本书作为一本优秀的老学研究经典之作。本书的译文也非常用心，读起来非常流畅，可见译者对老学有较为深入的研究，体现了专业水准。

---

　　① 　陈金樑. 道之二解：王弼与河上公《老子》注研究［M］. 西安：西北大学出版社，2021：284.

　　② 　同上，76。

　　③ 　同上。

附录 B　老学晚于孔学新证

——对木斋《先秦文学演变史·老子》的评论与补证 ①

　　木斋所著的《先秦文学演变史》于 2019 年 1 月由人民出版社出版，这应是第一本先秦文学演变史，以突出"演变"为先秦文学作史。

　　孔老关系问题在文学史、哲学史上的意义重大，涉及诸子的源流问题。关于孔老先后，尤其是自民国以来可谓众说纷纭，今天仍有必要对孔老关系进行再探索。笔者赞同《先秦文学演变史·老子》中关于孔老先后关系的论证，并对此进行了必要的补证。

　　① 李健. 老学晚于孔学新证——对木斋《先秦文学演变史·老子》的评论与补证 [J]. 哈尔滨师范大学社会科学学报，2019（5）：128-133.

一、老学晚于孔学的文献依据

讨论孔老先后，即比较孔学与老学的时间先后。孔学以孔子的讲学内容为主，孔学是在生前就确立，其具体思想则需参见后来弟子编撰的《论语》；而老学则需要以《老子》一书为考察依据，因为老子没有在生前广泛讲学。在民国学者中，以胡适为《老子》早出论的代表，《老子》晚出论的代表人物有梁启超、顾颉刚、钱穆、冯友兰等。晚出论者从不同的角度提出《老子》晚出论的证据。比如，梁启超认为《老子》里有的内容有战国风格；冯友兰认为，老子讲无名，必在名家重名之后。《老子》晚出论者提出的一些过硬证据，《老子》早出论者并没有给出有力的回应。胡适主早出论，但给出的证据不足以支撑老子早出的必然性。早出论者一般依据《史记》对孔老同时代进行对话的记载，以及《庄子》等文献对孔老对话的提及，但无法找到春秋或战国初期文献对《老子》的征引（《礼记·曾子问》里提到了孔老对话，但该材料为汉代戴圣所整理，无法完全确定属实。且并没有引用《老子》具体文献）。

《庄子》等文献提及的孔老对话，并不能作为史料，

《庄子》一书本就多为寓言。这些文献无法必然确定老子和孔子同时，即使孔老同时，同样不能得出《老子》一书在孔子之前。孔子出道早，讲学早（"加我数年，五十而学易"），而老子著书在后（《史记》提老子出关时才著书）。

木斋主张《老子》晚出论，既吸收了前人成果，也有自己独到的研究。木斋主要从以下五个方面列出了证据。

（1）从著述史的角度看，孔子之前尚无个人著述的先例：综述前文所论，从中国文化史之起源发生的历程来看，殷商时代固然没有著述，到西周制礼作乐之后，著述的观念也是一个漫长岁月渐次形成的历程。

（2）从教育史的角度来看，孔子是中国私学教育的奠基人，私人著述是私学教育的产物：孔子之前，皆为学在官府的阶段。

（3）从思想史的发展历程来看，儒家思想产生于前，源远流长，道家思想产生于儒家思想之后，孔子的时代前后，并无其他道家思想产生的旁证，不能形成有机的源流体制。

（4）从诸子百家的个人著述史，可以验证《老子》不可能产生于《论语》之前这一推断。

（5）从《论语》的体例可以证明《老子》在其后：

《论语》是孔子门徒的真实的语录体纪录，全书二十章，不仅各章之间似乎没有联系，仅是对孔子话语行状的分门别类的分类，每段语录之间似乎也没有明确的关系。①

尤其是其中第三条值得重视，如果老学在前，很难为老学找到理论来源。有的把老学的来源归为黄帝，但这只是传说，无法找到思想上的必然承传与创新依据；有的把老学来源归为史官、隐士，这只是在尝试找职业关联，并没有找到理论来源依据；有的把老学归为对现实的刺激，但不仅不是理论传承来源，同时也忽略了别的学派同样会受到现实的刺激。如果孔学在前，孔学自身有理论来源，孔学"述而不作"，理论来源于传统，比如《诗经》《尚书》等；孔学在前，同时也为老学找到了来源，老学是对孔学的结构性批判，下一论题将具体展开。

木斋通过论证，得出结论："《老子》不可能为孔子时代的著作，而应该是《孟子》稍后、《庄子》之前的著作。"②

---

① 木斋. 先秦文学演变史 [M]. 北京：人民出版社，2019：259-261.

② 同上，259。

　　关于有的学者提出，孔子有《老子》类似的话，来证明孔子在前，"著作时代：……《论语·卫灵公》：'无为而治'，这一思想和说法正是来自于《老子》。"① 木斋回应，这里需要辨析："《论语》中出现与老子思想吻合的话语不足为奇，正如儒家思想并非孔子所缔造，道家思想也非最早源于当下所见的《老子》。"② 确实如此，孔子提"无为"未必来自老子，因为在春秋之前就有"无为"一词，比如《诗经》（孔子整理过《诗经》，自然知道有"无为"语词，不一定非要来自《老子》）。如果孔子提"无为"就认为来自《老子》，反之也可以说《老子》里"无为"来自孔子，这样的推论是无效的。陈鼓应列举孔子和《墨子》里有《老子》相似的话，就得出《老子》在前，也同样忽视了孔子和《墨子》并没有直接提出自《老子》，同样晚出论也可以理解为《老子》在引用孔子和《墨子》。例如，陈鼓应提到："'子曰：无为而治者其舜也与？'……'无为而治'是老子的学说。《论语》这样推崇'无为而治'，可见在这个观念上孔子所受

---

　　① 　木斋.先秦文学演变史［M］.北京：人民出版社，2019：254.
　　② 　同上。

老子的影响。"①即使按照《老子》早出论信古思路，也无法得出孔子思想来自《老子》的结论，因为孔子不可能在《老子》著书之后才开始提"无为"等。孔子讲学早，而老子著书较晚，这是信古派要接受的记载。陈鼓应还用孔子问礼于老子的材料证明老学在前，这都缺乏旁证，没有证据证明老子在孔老会话时已经形成老学。陈鼓应还把《论语》里老彭理解为老子与彭祖，同样缺乏旁证，另有人考究"老彭"是一个真实人物，是一个人，而非两个人。刘笑敢在《老子：年代新考与思想诠释》一书中用《老子》与《诗经》和《楚辞》进行文风比较，认为《老子》更接近《诗经》，而不是《楚辞》，从而得出《老子》早出，而不是战国的作品。刘笑敢的研究有两个地方不能成立：一是即使《老子》文风接近《诗经》，而不接近《楚辞》，也不能得出《老子》是春秋的，比如，今天的某个诗人文风接近唐诗而不接近现代诗，并不能得出他不是今天的人；二是即便《老子》是春秋的，也不能得出《老子》在孔学之前，同样可以是孔学（孔子讲学）在前，而老学（老子著书）在后。

---

① 木斋. 先秦文学演变史 [M]. 北京：人民出版社，2019：16。

二、老学晚于孔学的思想线索（老学对孔学的结构性批判）

《老子》一书，最高的概念应该是道，《老子》把道作为本原地位，"道生一、一生二、二生三、三生万物"，道"先天地生"，同时道作为价值地位，"道者同于道""天下有道，却走马以粪；天下无道，戎马生于郊"。木斋注意到了道作为《老子》的最高概念，"如果用一个字来概括孔子思想，则可用'仁'字；如果用一个字来概括老子思想，则为'道'字"①，"《老子》一书，乃为自足之思想论著，自成体系，自成规模，全书五千言，都围绕一个'道'字展开论证。"②

道作为《老子》的最高概念，却不宜作为核心思想。一方面，孔子也高度重视道，"君子忧道不忧贫""朝闻道，夕死可矣"；另一方面，道需要具体展开，不然过于抽象。这就决定还需要把最高概念——道具体落地在内涵更为确定的概念上，这就是《老子》的核心概念——无为，木斋

---

① 木斋. 先秦文学演变史 [M]. 北京：人民出版社，2019：255.
② 同上。

提到，"无为，是《老子》的核心思想之一……无为思想也是笼罩全篇的哲学思想。无为，正是针对儒家的有为而言的。"①在《老子》里，自然和无为都是重要的理念，为何更强调无为呢？这有两个方面的原因：一是无为上升到了道的高度——"道恒无为也"（楚简本《老子》），而自然不是道的内涵，不论是"道法自然"，还是"人法自然"（唐·李约），自然都不是用来规定道的；二是《老子》思想有内圣和外王两大维度，自然是内圣，无为是外王，但内圣最终落脚点是外王，所以《老子》一书三分之二以上的内容是外王的内容，是直接谈治国的，即无为而治。

木斋从《论语》与《老子》的思想线索关系上进行了考察，认为《老子》是对孔子的批判，例如，"无为，是《老子》的核心思想之一……无为思想也是笼罩全篇的哲学思想。无为，正是针对儒家的有为而言的。"②孔子虽也提到过一次无为，"无为而治者，其舜也与"，这一句仅仅是讲舜无为，未必意味着孔子主无为；另外，《论语》只

---

① 木斋．先秦文学演变史［M］．北京：人民出版社，2019：257.
② 同上。

出现这一次无为，无为不能作为孔子的主要思想，孔子主张的仁义礼智皆是倾向于有为。而无为是《老子》的高频词，同时又是《老子》思想的一大标志，即"无为之治"。

　　关于《老子》是对孔子的批判，这一点笔者是非常赞同的，笔者认为，老子提无名是对孔子正名（有名）思想的批判。另外，从《老子》文本来看，我们还可以看到诸多老学批判孔学的原文——

　　孔学：唯天为大。
　　老学：（道）先天地生。

　　孔学：依于仁；君子喻于义。
　　老学：大道废，有仁义；失道而后德，失德而后仁，失仁而后义。

　　孔学：不学礼，无以立。
　　老学：夫礼者，忠信之薄而乱之首。

　　孔学：智者利仁。

老学：以智治国，国之贼；使夫智者不敢为也；绝圣弃智。

孔学：博学之。
老学：博者不知。

孔学：言忠信。
老学：国家昏乱，有忠臣。

有人可能会提出，《老子》批判的这些理念，在孔子之前就能找到。但要注意到，《老子》所批判的都能集中在孔子语录里找到，说明《老子》是结构性（系统性）地在对孔子进行批评。

帛书《老子》、严遵本《老子》都是德经在前，以"上德不德"一章为首章，而这一章就对孔子的仁义礼进行了集中批评，"失道而后德，失德而后仁，失仁而后义，失义而后礼。夫礼者，忠信之薄而乱之首。"《韩非·解老》也验证了"上德不德"一章作为首章。这一章作为首章，是把孔子作为靶子，《老子》是破孔之仁义礼而立道。《老子》的道又不同于孔子的道，这种不同同样涉及对孔学的批判，在道经首篇提到"道可道，非常道"，就是一方面强调道是可道的（继承），另一方面，强调《老子》自己立的道不同于常道（创新），《老子》的道不是常道（"非常道"），而常道就指向了孔学。孔学就是老子之前的常道。孔子"述而不作"，述的是经的传统，而常道就是经。黄开国把经学作为常道，写过论文《经学是以五经为元典阐发常道的学说》①，"孔安国的《尚书序》，其中有《三坟》言大道，《五典》言常道之说"②，"王阳明的《稽山书院尊经阁记》一开始就说：经，常道也"③。如果《老子》的常道就是经学之常道，但帛书是恒道，而黄开国的论文里正好有一条关于经就是恒道的证据，"刘勰在《文心雕龙》中的说法：经也者，恒久之至道，不刊之鸿教也"④。《老子》的道不是常道（"非常道"），是对常道的否定，可能正好是对儒家经学传统的否定，从而提倡自己

---

① 黄开国．经学是以五经为元典阐发常道的学说［J］．哲学研究，2019（6）：58．

② 同上，61。

③ 同上，62。

④ 同上，63。

的新学（新道）。当然，黄开国仅仅提出经学是常道的观点，还没有注意到与《老子》批判常道的关联。

三、老学晚于孔学的出土文献验证

《老子》早出论与晚出论是一个旧问题，《古史辨》就详尽地做了记录，参与的学者层次之高、人数之多都是公认的。接下来讨论同样的问题，同时又是一个新课题，这涉及《老子》出土了战国时期的文献《郭店楚简老子》，而民国学者没有看到这些文献。

楚简本《老子》出土之后，有学者认为楚简本《老子》是摘抄本，预设了《老子》有一个五千言在楚简本《老子》之前，但这只是一种推测，而没有实质性证据。同时遮蔽了《老子》流变性，忽视了五千言《老子》可能是跨越时空多人完成的作品。

有学者提出，"《说苑》中记载叔向引老聃话语'天下之至柔'云云，而证明《老子》一书在孔子之前，因为叔向是与孔子同时代的晋国人。"[①]木斋对此给出了有力的回

---

① 木斋．先秦文学演变史［M］．北京：人民出版社，2019：254.

应，"《说苑》所载叔向的话语，不能证明确为叔向所言，而要研究所引出处之著作的时间，《说苑》为西汉后期刘向所编，西汉人记载春秋时期人的话语，一不可信，《说苑》为杂史小说集，二不可信。"① （有的学者试图通过战国中期偏晚甚至可能是战国晚期的郭店楚简《老子》建立《老子》早出论，木斋进行了批判，认为《郭店楚简老子》并不能支持《老子》早出论。郭店楚简《老子》作为传抄本在战国中期偏晚或战国晚期，"原本"应更早一些，但在没有实质性证据前，不能随意把"原本"提前至孔学前，毕竟孔子时代或战国早期看不到有文献对《老子》内容的征引）。

从楚简本《老子》与五千言《老子》的关系，我们还能看到二者之间有内在的流变关系。楚简本《老子》有甲、乙、丙三本，三本不能简单作为一个整体，三本除了有时间先后（一般认为甲本早于乙、丙本，乙本又略早于丙本）之别，还有地位之别，甲本的地位高于乙、丙本。高华平认为只有分出经与传注，"才能给郭店楚简《老

---

① 木斋. 先秦文学演变史 ［M］. 北京：人民出版社，2019：255.

子》书写于三组长短不同竹策的事实，以一个合理的解释"①。高华平还"通过考察郭店楚简《老子》的内容和文体特征，认为郭店《老子》文本显示《老子》一书原是经、传（"解说文"）的混合体；郭店《老子》甲组属'经文'，乙、丙二组属'解说文'。"②"在先秦时期……经、传一并流传，这种情况十分普遍。现今传世的先秦诸子文本，有些人已无法分辨出经、传，但有些文本却因为明确标示了经、解、说字样，而仍能使人一目了然。如《墨子》中有经有说，《管子》中既有《形势》《版法》《明法》诸篇，又有《形势解》《版法解》《明法解》等解说文，皆是其例。"③高华平认为，《太一生水》作为不是五千言《道德经》的内容，又与郭店《老子》丙本连接在一起，也说明郭店《老子》丙本是传、注的性质。④郭店《老子》甲本与郭店《老子》丙本有一章是重复的（"为之者败之"一章），这是因为虽是同一章，但内容有差异，比如甲本

---

① 高华平. 对郭店楚简《老子》的再认识 [J]. 江汉论坛，2016（4）：96.

② 同上，93。

③ 同上，96。

④ 同上，94。

是"教不教"而丙本是"学不学"等，即这一章有不同的版本的流传，于是抄写者重新抄了一次，并抄写在丙本涉及五千言《道德经》相关内容的"末尾"，但并不是抄写在《太一生水》末尾，因为《太一生水》是相对独立和完整的内容。李零认为郭店《老子》甲本有层次结构，"此组分篇甚有理致，上篇……是以论述'天道'贵虚、贵柔、贵弱为主，下篇……是以论述'治道'无为为主，即以无为治国用兵取天下为主，似乎是按不同的主题而编录。①

从郭店《老子》甲本到五千言《道德经》，主要体现在四个方面的流变性。一是从自洽结构到散漫的学派论文集。郭店《老子》甲本是一个自洽的结构，由于后学内容参与，重新编撰而导致原结构散乱形成散漫的学派论文集。二是从道论到道德论。郭店《老子》甲本论道不论德（只有一处提到德），而郭店《老子》乙本提到 10 次德，到五千言《道德经》形成了道德论，"道生之，德畜之""万物莫不尊道而贵德"。三是从解构仁义到批判仁

① 李零. 郭店楚简校读记 [M]. 北京：中国人民出版社，2007：3-4.

义。郭店《老子》甲本虽不批判仁义（无"绝仁弃义"，
而是"绝伪弃虑"），但突出无为学说对仁义有解构。郭
店《老子》乙本则开始批判仁义："大道废，安有仁义。"
五千言《道德经》则激烈批判仁义，改"绝伪弃虑"为
"绝仁弃义"；同时在郭店《老子》甲本"天地之间……"
一章里增加了"天地不仁／圣人不仁"的内容（郭店《老
子》甲本"天地之间……"一章无"天地不仁／圣人不
仁"的内容，出土《文子》引用《老子》该章时也无"天
地不仁／圣人不仁"的内容）。通行本《老子》里有"与
善仁"，不能得出五千言《道德经》同时推崇仁，一则与
"绝仁弃义"矛盾，二则帛书本《老子》里作"予善天"。
四是从有无并举到以无为本。郭店《老子》甲本中的有无
并举是讲体用关系，以有为体："有庄昆成"，以无为用：
"道亘无为也""道亘无名"。五千言《道德经》以无为本：
"有生于无"，讲的是生成论（"道生一、一生二、二生
三、三生万物"），是"以无为体，以无为用"。

楚简本《老子》到五千言《老子》有流变关系，有规
律可循，也说明五千言《老子》是逐步形成的。如果以
五千言《老子》为单位，《老子》肯定在孔学之后，因为

楚简本《老子》内容还不到两千言，五千言《老子》成书晚于楚简本《老子》。如果以楚简本《老子》为单位，《老子》同样不在孔学前，因为楚简本《老子》是战国中期偏晚的作品（日本的学者则一般认为它是战国晚期的作品）。

认为《老子》晚出论，论证孔学前老学后，并非是为了扬孔学抑老学，而是为了还原本真的演变关系。木斋并非儒家信徒，不是为了给门户辩护。木斋高度肯定了《老子》的思想地位，"《老子》一书，乃为自足之思想论著，自成体系，自成规模"①。冯友兰论证孔学前老学后，最终把孔子列为第一个哲学家，而木斋却认为，孔学虽在前，但《老子》仍然是第一部真正意义上的哲学著作，"《老子》可以视为中国第一部阐发哲学思想的专著"②。在确立《老子》是真正意义上的哲学著作时，同时意味着《老子》比孔学更为深刻，"就哲学深度而言，无疑比《论语》中阐发的单向的儒学思维更为深邃，更为哲学化。这一点再次证明了《老子》是一部有系统的哲学专著，而其文学

---

① 木斋. 先秦文学演变史［M］. 北京：人民出版社，2019：255.
② 同上。

价值更可以视为第一部系统阐发哲学思想的散文专著。"①
木斋还高度肯定了《老子》的艺术性，"这些精彩论述，
除了为华夏民族创造了经典的成语之外，读其引文，深为
其文辞之美、哲理之深而震撼"②。《老子》既是哲学也是
诗，既具理性也具诗性，是世界哲学诗的典范。孔前老后
这是事实描述，并不是价值判断，并不能得出孔子高于老
子，犹如苏格拉底在柏拉图之前，并不是苏格拉底对西方
哲学影响更大一样。

　　木斋对《老子》核心思想的深刻理解，把《老子》与
孔子的思想史关系给厘清了，例如，《老子》的无为是对
孔子有为的批判，《老子》作为道家的主要作品，其来源
是孔学，是对孔学的反拨。木斋同时对《老子》的文风、
成熟度也进行了分析，并与孔子思想进行比较，而梳理出
可能的先后关系。对《老子》演变关系的详尽论证中，借
鉴了前人研究成果，罗列了多条证据，从多角度论证《老
子》后于孔学。尤其是其中提到道家很难找到别的源头，

<hr>

① 　木斋. 先秦文学演变史［M］. 北京：人民出版社，2019：257-
258.
② 　同上，258。

缺乏旁证，是一个有说服力的论述，而如果理解为《老子》来源于对孔学的批评，则一切顺理成章，这在《老子》文本里也能找到相关批评孔子思想的文献。对《老子》出土文献新成果的有力回应，进一步确定并没有充足的证据把《老子》提前到孔学之前。这三大方面的深入研究使孔学与《老子》的关系变得清晰。

木斋通过考据孔学与《老子》的关系，把《老子》文本时间定位为："《老子》不可能为孔子时代的著作，而应该是《孟子》稍后、《庄子》之前的著作。"① 这一说法不仅解决了孔学与《老子》的演变关系问题，还涉及对整个诸子关系的重新审视——把孔学作为诸子之首，重新思考诸子间的关系。而孔学与老学演变关系的调整，不仅影响整个诸子的演变，还会影响诸子之后的文学演变关系。

---

① 木斋. 先秦文学演变史［M］. 北京：人民出版社，2019：250.

附录 C 楚简本《老子》释文

甲　本

有庄昆成，先天地生，悦穆，独立不改，可以为天下母，未知其名，字之曰道，吾强为之名曰大。大曰逝、逝曰远、远曰反。天大，地大，道大，王亦大。国中有四大焉，王居一焉。人法地，地法天，天法道，道法自然。

天地之间，其犹橐籥欤？虚而不屈，动而愈出。

至虚，恒也；守中，笃也。万物方作，居以须复也。天道员员，各复其根。

反也者，道动也；弱也者，道之用也。天下之物生于有，生于无。

持而盈之，不若已。揣而群之，不可长保也。金玉盈室，莫能守也。贵福骄，自遗咎也。功遂身退，天之道也。

含德之厚者，比于赤子。蜂虿虫蛇弗螫，攫鸟猛兽弗扣。骨弱筋柔而捉固，未知牝牡之合然怒，精之至也。终日呼而不忧，和之至也。和曰常，知和曰明。益生曰祥，心使气曰强。物壮则老，是谓不道。

名与身孰亲？身与货孰多？得与亡孰病？甚爱必大费，厚藏必多亡。故知足不辱，知止不殆，可以长久。

绝智弃偏，民利百倍；绝巧弃利，盗贼无有；绝伪弃虑，民复季子。三言以为辨不足，或命之或呼属：视素保朴，少私寡欲。

江海所以为百谷王，以其能为百谷下，是以能为百谷王。圣人之在民前也，以身后之；其在民上也，以言下之。其在民上也，民弗厚也；其在民前也，民弗害也。天下乐进而弗厌。以其不争也，故天下莫能与之争。罪莫厚乎甚欲，咎莫险乎欲得，祸莫大乎不知足。知足之为足，此恒足矣。

以道佐人主者，不欲以兵强于天下。善者果而已，不以取强。果而弗伐，果而弗骄，果而弗矜，是谓果而不强，其事好。

长古之善为士者，必微弱玄达，深不可识，是以为之容：豫乎若冬涉川，犹乎其若畏四邻，俨乎其若客，涣乎其若释，敦乎其若朴，沌乎其若浊。孰能浊以静者将徐清，孰能安以动者将徐生？保此道者，不欲尚盈。

为之者败之，执之者远之。是以圣人无为故无败，无执故无失。临事之纪，慎终如始，此无败事矣。圣人欲不欲，不贵难得之货；教不教，复众之所过。是故圣人能辅万物之自然，而弗能为。

道恒无为也，侯王能守之，而万物将自化。化而欲作，将镇之以无名之朴。夫亦将知足，知以静，万物将自定。

为无为，事无事，味无味。大，小之。多易必多难。是以圣人犹难之，故终无难。

天下皆知美之为美也，恶已；皆知善，此其不善已。有无之相生也，难易之相成也，长短之相形也，高下之相盈也，音声之相和也，先后之相随也。是以圣人居无为之事，行不言之教。万物作而弗始也，为而弗志也，成而弗居。天唯弗居也，是以弗去也。

道恒无名，朴唯微，天地弗敢臣。侯王如能守之，万物将自宾。天地相合也，以输甘露。民莫之命而自均安焉。始制有名，名亦既有，夫亦将知止，知止所以不殆。譬道之在天下也，犹小谷之与江海。

其安也，易持也；其未兆也，易谋也。其脆也，易判也；其几也，易散也。为之于其无有也，治之于其未乱。合（抱之木，作于毫）末；九成之台，作（于垒土；百仞之高，始于）足下。

知之者弗言，言之者弗知。闭其兑，塞其门；和其光，同其尘；挫其锐，解其纷，是谓玄同。故不可得而亲，亦不可得而疏；不可得而利，亦不可得而害；不可得而贵，亦不可得而贱，故为天下贵。

以正治邦，以奇用兵，以无事取天下。吾何以知其然也？夫天多忌讳而民弥叛。民多利器而邦滋昏，人多智而奇物滋起，法物滋彰盗贼多有。是以圣人之言曰：我无事而民自富，我无为而民自化，我好静而民自正，我欲不欲而民自朴。

乙　本

治人事天，莫若啬。夫唯啬，是以早复，是谓重积德，重积德则无不克。无不克则莫知其极。莫知其极，可以有国。有国之母，可以长久，是谓深根固柢、长生久视之道也。

学者日益，为道者日损。损之又损，以至无为也。无为而无不为。

绝学无忧。唯与呵，相去几何？美与丑，相去何若？人之所畏，亦不可以不畏。

人宠辱若惊，贵大患若身。何谓宠辱？宠为下也。得之若惊，失之若惊，是谓宠辱惊。何谓贵大患若身？吾所以有大患者，为吾有身。及吾无身，有何患，故贵以身为天下，乃可以托天下矣；爱以身为天下，乃可以寄天下矣。

上士闻道，勤而行于其中。中士闻道，若闻若无。下士闻道，大笑之。弗大笑，不足以为道矣。是以建言有之：明道若昧，夷道若颣，进道若退。上德若谷，大白若辱。广德若不足，建德若偷，质真若渝。大方无隅，大器慢成。大音希声，大象无形。道隐无名。

闭其门，塞其兑，终身不勤。启其兑，实其事，终身不复。大成若缺，其用不弊。大盈若盅，其用不穷。大巧若拙，大赢若讪，大直若屈。躁胜滄，静胜热，清净为天下正。

善建者不拔，善抱者不脱，子孙以其祭祀不辍。修之身，其德乃真。修之家，其德有余。修之乡，其德乃长。修之邦，其德乃丰。修之天下，其德乃博。以家观家，以乡观乡，以邦观邦，以天下观天下。吾何以知天下然哉？以此。

丙　本

太上，下知有之。其次，亲誉之。其次，畏之。其次，侮之。信不足，安有不信。犹乎其贵言也。成事遂功，而百姓曰我自然也。故大道废，安有仁义。六亲不和，安有孝慈。邦家昏乱，安有正臣。

执大象，天下往，往而不害，安平泰。乐与饵，过客止。故道之出言淡呵其无味也。视之不足见，听之不足闻，而不可既也。

　　君子居则贵左，用兵则贵右。故曰兵者非君子之器，不得已而用之，恬淡为上。弗美也，美之，是乐杀人。夫乐杀，不可以得志于天下。故吉事上左，丧事上右。是以偏将军居左，上将军居右，言以丧礼居之也。故杀人众则以哀悲莅之；战胜，则以丧礼居之。

　　为之者败之，执之者远之。圣人无为，故无败也；无执，古无远。慎终若始，则无败事矣。人之败也，恒于其且成也败之。是以圣人欲不欲，不贵难得之货，学不学众之所过。是以能辅万物之自然，而弗敢为。

附录 D　通行本《老子》原文

上　篇

第一章

　　道可道，非常道；名可名，非常名。无名，天地之始；有名，万物之母。故常无欲，以观其妙；常有欲，以观其徼。此两者同出而异名，同谓之玄，玄之又玄，众妙之门。

第二章

　　天下皆知美之为美，斯恶已；皆知善之为善，斯不善已。故有无相生，难易相成，长短相较，高下相倾，音声相和，前后相随。是以圣人处无为之事，行不言之教。万物作焉而不辞，生而不有，为而不恃，功成而弗居。夫唯弗居，是以不去。

第三章

不尚贤，使民不争；不贵难得之货，使民不为盗；不见可欲，使民心不乱。是以圣人之治：虚其心，实其腹；弱其志，强其骨。常使民无知无欲，使夫智者不敢为也。为无为，则无不治。

第四章

道冲，而用之或不盈。渊兮，似万物之宗：挫其锐，解其纷，和其光，同其尘。湛兮，似或存。吾不知谁之子，象帝之先。

第五章

天地不仁，以万物为刍狗；圣人不仁，以百姓为刍狗。天地之间，其犹橐籥乎？虚而不屈，动而愈出。多言数穷，不如守中。

第六章

谷神不死，是谓玄牝。玄牝之门，是谓天地根。绵绵若存，用之不勤。

第七章

天长地久。天地所以能长且久者，以其不自生，故能长生。是以圣人后其身而身先，外其身而身存。非以其无私邪？故能成其私。

第八章

上善若水。水善利万物而不争，处众人之所恶，故几于道。居善地，心善渊，与善仁，言善信，正善治，事善能，动善时。夫唯不争，故无尤。

第九章

持而盈之，不如其已；揣而锐之，不可长保。金玉满堂，莫之能守。富贵而骄，自遗其咎。功遂身退，天之道。

第十章

载营魄抱一，能无离乎？专气致柔，能婴儿乎？涤除玄览，能无疵乎？爱民治国，能无知乎？天门开阖，能为雌乎？明白四达，能无为乎？生之畜之，生而不有，为而不恃，长而不宰，是谓玄德。

第十一章

三十辐共一毂，当其无，有车之用；埏埴以为器，当
其无，有器之用；凿户牖以为室，当其无，有室之用。故
有之以为利，无之以为用。

第十二章

五色令人目盲，五音令人耳聋，五味令人口爽，驰骋
畋猎令人心发狂，难得之货令人行妨。是以圣人为腹不为
目，故去彼取此。

第十三章

宠辱若惊，贵大患若身。何谓"宠辱若惊"？宠为上，
辱为下，得之若惊，失之若惊，是谓宠辱若惊。何谓"贵
大患若身"？吾所以有大患者，为吾有身，及吾无身，吾
有何患？故贵以身为天下，若可寄天下；爱以身为天下，
若可托天下。

第十四章

视之不见名曰夷，听之不闻名曰希，搏之不得名曰微。

此三者不可致诘，故混而为一。其上不皦，其下不昧，绳绳不可名，复归于无物。是谓无状之状，无物之象，是谓惚恍。迎之不见其首，随之不见其后。执古之道，以御今之有，能知古始。是谓道纪。

第十五章

古之善为士者，微妙玄通，深不可识。夫唯不可识，故强为之容：豫焉，若冬涉川；犹兮，若畏四邻；俨兮，其若客；涣兮，若冰之将释；敦兮，其若朴；旷兮，其若谷；混兮，其若浊。孰能浊以正静之徐清；孰能安以久？动之徐生。保此道者不欲盈。夫唯不盈，故能蔽不新成。

第十六章

致虚极，守静笃。万物并作，吾以观复。夫物芸芸，各复归其根。归根曰静，是谓复命，复命曰常，知常曰明。不知常，妄作，凶。知常容，容乃公，公乃王，王乃天，天乃道，道乃久，没身不殆。

第十七章

太上，不知有之；其次，亲而誉之；其次，畏之；其次，侮之。信不足焉，有不信焉。悠兮，其贵言，功成事遂，百姓皆谓"我自然"。

第十八章

大道废，有仁义；慧智出，有大伪。六亲不和，有孝慈；国家昏乱，有忠臣。

第十九章

绝圣弃智，民利百倍；绝仁弃义，民复孝慈；绝巧弃利，盗贼无有。此三者以为文不足，故令有所属：见素抱朴，少私寡欲，绝学无忧。

第二十章

唯之与阿，相去几何？善之与恶，相去若何？人之所畏，不可不畏。荒兮，其未央哉！众人熙熙，如享太牢，如春登台。我独泊兮，其未兆，如婴儿之未孩。儽儽兮，若无所归。众人皆有余，而我独若遗。我愚人之心也哉，沌沌兮！俗人昭昭，我独昏昏；俗人察察，我独闷闷。澹兮，其若海；飚兮，若无止。众人皆有以，而我独顽似鄙。我独异于人，而贵食母。

第二十一章

孔德之容，惟道是从。道之为物，惟恍惟惚。惚兮恍兮，其中有象；恍兮惚兮，其中有物。窈兮冥兮，其中有精；其精甚真，其中有信。自古及今，其名不去，以阅众甫。吾何以知众甫之状哉？以此。

第二十二章

曲则全，枉则直；洼则盈，敝则新；少则得，多则惑。是以圣人抱一为天下式：不自见，故明；不自是，故彰；不自伐，故有功；不自矜，故长。夫唯不争，故天下莫能与之争。古之所谓"曲则全"者，岂虚言哉！诚全而归之。

第二十三章

希言自然。故飘风不终朝，骤雨不终日。孰为此者？天地。天地尚不能久，而况于人乎？故从事于道者同于道，德者同于德，失者同于失。同于道者，道亦乐得之；同于德者，德亦乐得之；同于失者，失亦乐得之。信不足焉，有不信焉。

第二十四章

企者不立，跨者不行；自见者不明，自是者不彰，自伐者无功，自矜者不长。其在道也，曰余食赘行，物或恶之，故有道者不处。

第二十五章

有物混成，先天地生。寂兮寥兮，独立不改，周行而不殆，可以为天下母。吾不知其名，字之曰"道"，强为之名曰"大"。大曰逝，逝曰远，远曰反。故道大，天大，地大，王亦大。域中有四大，而王居其一焉。人法地，地法天，天法道，道法自然。

第二十六章

重为轻根，静为躁君。是以圣人终日行不离辎重。虽有荣观，燕处超然。奈何万乘之主，而以身轻天下？轻则失本，躁则失君。

第二十七章

善行，无辙迹；善言，无瑕谪；善数，不用筹策；善闭，无关楗而不可开；善结，无绳约而不可解。是以圣人常善救人，故无弃人；常善救物，故无弃物，是谓袭明。故善人者，不善人之师；不善人者，善人之资。不贵其师，不爱其资，虽智大迷。是谓要妙。

第二十八章

知其雄，守其雌，为天下溪。为天下溪，常德不离，复归于婴儿。知其白，守其黑，为天下式。为天下式，常德不忒，复归于无极。知其荣，守其辱，为天下谷。为天下谷，常德乃足，复归于朴。朴散则为器，圣人用之则为官长，故大制不割。

第二十九章

将欲取天下而为之，吾见其不得已。天下神器，不可为也。为者败之，执者失之。故物或行或随，或歔或吹，或强或羸，或挫或隳。是以圣人去甚、去奢、去泰。

第三十章

以道佐人主者，不以兵强天下。其事好还：师之所处，荆棘生焉；大军之后，必有凶年。善者果而已，不敢以取强。果而勿矜，果而勿伐，果而勿骄，果而不得已，果而勿强。物壮则老，是谓不道，不道早已。

第三十一章

夫唯兵者，不祥之器，物或恶之，故有道者不处。君子居则贵左，用兵则贵右。兵者，不祥之器，非君子之器，不得已而用之，恬淡为上。胜而不美，而美之者，是乐杀人。夫乐杀人者，则不可以得志于天下矣。吉事尚左，凶事尚右。偏将军居左，上将军居右，言以丧礼处之。杀人之众，以哀悲莅之，战胜，以丧礼处之。

第三十二章

道常无名，朴虽小，天下莫能臣也。侯王若能守之，万物将自宾，天地相合，以降甘露，民莫之令而自均。始制有名，名亦既有，夫亦将知止。知止可以不殆。譬道之在天下，犹川谷之于江海。

第三十三章

知人者智，自知者明。胜人者有力，自胜者强。知足者富，强行者有志。不失其所者久，死而不亡者寿。

第三十四章

大道泛兮，其可左右。万物恃之而生而不辞，功成而不名有。衣养万物而不为主，常无欲。可名于小，万物归焉而不为主；可名为大，以其终不自为大，故能成其大。

第三十五章

执大象，天下往。往而不害，安平泰。乐与饵，过客止。道之出口，淡乎其无味，视之不足见，听之不足闻，用之不足既。

第三十六章

将欲歙之，必固张之；将欲弱之，必固强之；将欲废之，必固兴之；将欲夺之，必固与之。是谓微明，柔弱胜刚强。鱼不可脱于渊，国之利器不可以示人。

第三十七章

道常无为而无不为。侯王若能守之，万物将自化。化而欲作，吾将镇之以无名之朴。无名之朴，夫亦将无欲。不欲以静，天下将自定。

下　篇

第三十八章

上德不德，是以有德；下德不失德，是以无德。上德无为而无以为，下德为之而有以为。上仁为之而无以为，上义为之而有以为，上礼为之而莫之应，则攘臂而扔之。故失道而后德，失德而后仁，失仁而后义，失义而后礼。夫礼者，忠信之薄而乱之首。前识者，道之华而愚之始。是以大丈夫处其厚，不居其薄；处其实，不居其华，故去彼取此。

第三十九章

昔之得一者：天得一以清，地得一以宁，神得一以灵，谷得一以盈，万物得一以生，侯王得一以为天下贞。其致之，天无以清，将恐裂；地无以宁，将恐发；神无以灵，将恐歇；谷无以盈，将恐竭；万物无以生，将恐灭；侯王无以贵高，将恐蹶。故贵以贱为本，高以下为基。是以侯王自谓孤、寡、不榖，此非以贱为本邪？非乎？故致数舆无舆。不欲琭琭如玉，珞珞如石。

第四十章

反者，道之动。弱者，道之用。天下万物生于有，有生于无。

第四十一章

上士闻道，勤而行之；中士闻道，若存若亡；下士闻道，大笑之，不笑，不足以为道。故建言有之："明道若昧，进道若退，夷道若纇，上德若谷，大白若辱，广德若不足，建德若偷，质真若渝，大方无隅，大器晚成，大音希声，大象无形。"道隐无名。夫唯道，善贷且成。

第四十二章

道生一，一生二，二生三，三生万物。万物负阴而抱阳，冲气以为和。人之所恶，唯孤、寡、不穀，而王公以为称。故物，或损之而益，或益之而损。人之所教，我亦教之："强梁者不得其死。"吾将以为教父。

第四十三章

天下之至柔，驰骋天下之至坚，无有入无间。吾是以知无为之有益。不言之教，无为之益，天下希及之。

第四十四章

名与身孰亲？身与货孰多？得与亡孰病？是故甚爱必大费，多藏必厚亡。知足不辱，知止不殆，可以长久。

第四十五章

大成若缺，其用不敝。大盈若冲，其用不穷。大直若屈，大巧若拙，大辩若讷。躁胜寒，静胜热，清静为天下正。

第四十六章

天下有道，却走马以粪；天下无道，戎马生于郊。祸莫大于不知足，咎莫大于欲得。故知足之足，常足矣。

第四十七章

不出户，知天下；不窥牖，见天道。其出弥远，其知弥少。是以圣人不行而知，不见而名，不为而成。

第四十八章

为学日益，为道日损，损之又损，以至于无为。无为而无不为。取天下常以无事，及其有事，不足以取天下。

第四十九章

圣人无常心，以百姓心为心。善者，吾善之；不善者，吾亦善之，德善。信者，吾信之；不信者，吾亦信之，德信。圣人在天下，歙歙为天下浑其心，百姓皆注其耳目，圣人皆孩之。

第五十章

出生入死，生之徒十有三，死之徒十有三，人之生、动之死地亦十有三，夫何故？以其生生之厚。盖闻善摄生者，陆行不遇兕虎，入军不被甲兵。兕无所投其角，虎无所措其爪，兵无所容其刃。夫何故？以其无死地。

第五十一章

道生之，德畜之，物形之，势成之。是以万物莫不尊道而贵德。道之尊，德之贵，夫莫之命而常自然。故道生之，德畜之，长之育之，亭之毒之，养之覆之。生而不有，为而不恃，长而不宰，是谓玄德。

第五十二章

天下有始，以为天下母。既得其母，以知其子。既知其子，复守其母，没身不殆。塞其兑，闭其门，终身不勤。开其兑，济其事，终身不救。见小曰明，守柔曰强。用其光，复归其明，无遗身殃，是为习常。

第五十三章

使我介然有知，行于大道，唯施是畏。大道甚夷，而民好径。朝甚除，田甚芜，仓甚虚；服文彩，带利剑，厌饮食，财货有余，是谓盗竽。非道也哉！

第五十四章

善建者不拔，善抱者不脱，子孙以祭祀不辍。修之于身，其德乃真；修之于家，其德乃余；修之于乡，其德乃长；修之于国，其德乃丰；修之于天下，其德乃普。故以身观身，以家观家，以乡观乡，以国观国，以天下观天下。吾何以知天下然哉？以此。

第五十五章

含德之厚，比于赤子。蜂虿虺蛇不螫，猛兽不据，攫鸟不搏。骨弱筋柔而握固。未知牝牡之合而全作，精之至也。终日号而不嗄，和之至也。知和曰常，知常曰明，益生曰祥，心使气曰强。物壮则老，谓之不道，不道早已。

第五十六章

知者不言，言者不知。塞其兑，闭其门；挫其锐，解其纷；和其光，同其尘。是谓玄同。故不可得而亲，不可得而疏；不可得而利，不可得而害；不可得而贵，不可得而贱。故为天下贵。

第五十七章

以正治国，以奇用兵，以无事取天下。吾何以知其然哉？以此：天下多忌讳，而民弥贫；民多利器，国家滋昏；人多伎巧，奇物滋起；法令滋彰，盗贼多有。故圣人云："我无为，而民自化；我好静，而民自正；我无事，而民自富；我无欲，而民自朴。"

第五十八章

其政闷闷，其民淳淳；其政察察，其民缺缺。祸兮福之所倚，福兮祸之所伏。孰知其极？其无正，正复为奇，善复为妖。人之迷，其日固久。是以圣人方而不割，廉而不刿，直而不肆，光而不耀。

第五十九章

治人、事天莫若啬，夫唯啬，是谓早服。早服谓之重积德，重积德则无不克，无不克则莫知其极。莫知其极，可以有国。有国之母，可以长久。是谓深根固柢，长生久视之道。

第六十章

治大国若烹小鲜。以道莅天下，其鬼不神。非其鬼不神，其神不伤人。非其神不伤人，圣人亦不伤人。夫两不相伤，故德交归焉。

第六十一章

大国者下流，天下之交；天下之牝，牝常以静胜牡，以静为下。故大国以下小国，则取小国；小国以下大国，则取大国。故或下以取，或下而取。大国不过欲兼畜人，小国不过欲入事人。夫两者各得其所欲。大者宜为下。

第六十二章

道者，万物之奥，善人之宝，不善人之所保。美言可以市尊，美行可以加人。人之不善，何弃之有？故立天子，置三公，虽有拱璧，以先驷马，不如坐进此道。古之所以贵此道者何？不曰：以求得，有罪以免邪？故为天下贵。

第六十三章

为无为，事无事，味无味，大小多少，报怨以德。图难于其易，为大于其细。天下难事必作于易，天下大事必作于细。是以圣人终不为大，故能成其大。夫轻诺必寡信，多易必多难。是以圣人犹难之，故终无难矣。

第六十四章

其安易持，其未兆易谋。其脆易泮，其微易散。为之于未有，治之于未乱。合抱之木，生于毫末；九层之台，起于累土；千里之行，始于足下。为者败之，执者失之。是以圣人无为，故无败；无执，故无失。民之从事，常于几成而败之。慎终如始，则无败事。是以圣人欲不欲，不贵难得之货；学不学，复众人之所过。以辅万物之自然，而不敢为。

第六十五章

古之善为道者，非以明民，将以愚之。民之难治，以其智多。故以智治国，国之贼；不以智治国，国之福。知此两者亦稽式，常知稽式，是谓玄德。玄德深矣、远矣，与物反矣。然后乃至大顺。

第六十六章

江海所以能为百谷王者，以其善下之，故能为百谷王。是以欲上民，必以言下之；欲先民，必以身后之。是以圣人处上而民不重，处前而民不害。是以天下乐推而不厌。以其不争，故天下莫能与之争。

第六十七章

天下皆谓我道大，似不肖。夫唯大，故似不肖。若肖，久矣其细也夫！我有三宝，持而保之：一曰慈，二曰俭，三曰不敢为天下先。慈，故能勇；俭，故能广；不敢为天下先，故能成器长。今舍慈且勇，舍俭且广，舍后且先，死矣。夫慈，以战则胜，以守则固。天将救之，以慈卫之。

第六十八章

善为士者不武，善战者不怒，善胜敌者不与，善用人者为之下。是谓不争之德，是谓用人之力，是谓配天、古之极。

第六十九章

用兵有言："吾不敢为主而为客，不敢进寸而退尺。"是谓行无行，攘无臂，扔无敌，执无兵。祸莫大于轻敌，轻敌几丧吾宝。故抗兵相加，哀者胜矣。

第七十章

吾言甚易知，甚易行；天下莫能知，莫能行。言有宗，事有君。夫唯无知，是以不我知。知我者希，则我者贵。是以圣人被褐怀玉。

第七十一章

知不知，上；不知知，病。夫唯病病，是以不病。圣人不病，以其病病，是以不病。

第七十二章

民不畏威，则大威至：无狎其所居，无厌其所生。夫
唯不厌，是以不厌。是以圣人自知，不自见；自爱，不自
贵。故去彼取此。

第七十三章

勇于敢，则杀；勇于不敢，则活。此两者，或利或害。
天之所恶，孰知其故？是以圣人犹难之。天之道，不争而
善胜，不言而善应，不召而自来，绰然而善谋。天网恢恢，
疏而不失。

第七十四章

民不畏死，奈何以死惧之？若使民常畏死，而为奇者，
吾得执而杀之，孰敢？常有司杀者杀。夫代司杀者杀，是
谓代大匠斫。夫代大匠斫者，希有不伤其手矣。

第七十五章

民之饥，以其上食税之多，是以饥；民之难治，以其
上之有为，是以难治；民之轻死，以其上求生之厚，是以

轻死。夫唯无以生为者，是贤于贵生。

第七十六章

人之生也柔弱，其死也坚强。万物草木之生也柔脆，其死也枯槁。故坚强者死之徒，柔弱者生之徒。是以兵强则灭，木强则折。强大处下，柔弱处上。

第七十七章

天之道，其犹张弓与？高者抑之，下者举之；有余者损之，不足者补之。天之道，损有余而补不足。人之道则不然，损不足以奉有余。孰能有余以奉天下？唯有道者。是以圣人为而不恃，功成而不处，其不欲见贤。

第七十八章

天下莫柔弱于水，而攻坚强者莫之能胜，其无以易之。弱之胜强，柔之胜刚，天下莫不知，莫能行。是以圣人云："受国之垢，是谓社稷主；受国不祥，是为天下王。"正言若反。

第七十九章

和大怨，必有余怨，安可以为善？是以圣人执左契，而不责于人。有德司契，无德司彻。天道无亲，常与善人。

第八十章

小国寡民。使有什伯之器而不用，使民重死而不远徙。虽有舟舆，无所乘之；虽有甲兵，无所陈之；使人复结绳而用之。甘其食，美其服，安其居，乐其俗。邻国相望，鸡犬之声相闻，民至老死，不相往来。

第八十一章

信言不美，美言不信；善者不辩，辩者不善；知者不博，博者不知。圣人不积，既以为人，己愈有；既以与人，己愈多。天之道，利而不害；圣人之道，为而不争。